日本人が八〇〇年、
伝え継いだ本物の礼法

一流の人はなぜ姿勢が美しいのか

小笠原流三十一世宗家
小笠原清忠

プレジデント社

一流の人はなぜ姿勢が美しいのか

小笠原清忠

はじめに

今、なぜ礼法なのか

最近、小笠原流礼法の講座に、海外から帰国した女性たちの姿が見られるようになりました。夫の海外赴任にともなわれて欧米で生活し、帰国したばかりの妻たちです。礼法を受講する理由を尋ねたところ、「海外で恥ずかしい思いをしたから」という答えが返ってきました。

赴任先では、現地会社の催しやホームパーティーなどに、夫婦同伴で招かれることがあります。そのような場では、現地の方々からお国の歴史や文化についてよく尋ねられるそうです。しかし、生まれ育った国なのに、日本の歴史や文化について語れるものが自分に何もなかったというのです。

同様の話は、企業人である夫の側からもしばしば聞きます。

「日本のビジネスパーソンは、仕事の話はよくするけれど、自国のことになるとほとんど何も話せない人が多い」とは、ある大企業の取締役の弁です。長年各国を渡り歩いてきたこの方によれば海外、とくに欧米では自国の歴史や文化を語れない人は、いくら仕事に通じていても、知的レベルが低いと見なされることもあるようです。

小笠原流は、八〇〇年余り前の鎌倉時代に、弓術、弓馬術、礼法を統合するかたちで生まれ、武家社会において伝承されてきました。弓馬術は今日、神社の祭礼などで奉納される流鏑馬（やぶさめ）が知られるところです。その根底をなすのが礼法なのですが、残念なことにこちらはあまり顧みられることがありません。

東京都世田谷区にある小笠原教場には、海外からの賓客や外国人記者などが訪れることがあります。彼らは私たちの稽古を見て異口同音にこう言います。

「こんなに素晴らしい文化があるのに、日本人はなぜこれをもっと大切にしないのか」

しかし、日本人の多くはそうは感じていません。礼法は古めかしく、堅苦しく、自分とは縁のないものだと思っているのではないでしょうか。

以前、国際柔道大会で競技前のデモンストレーションとして礼法の試技を披露したことがありました。他国の選手、監督・コーチらは興味津津、熱のこもった目で私たちの基本動作を見つめ、称賛の拍手をくださいました。ところが、日本の選手団はほとんど興味を示しませんでした。このときは講道館の館長・上村春樹さんに「日本の選手たちに礼法を見せたい」と依頼されてのことでしたから、私たちはとても残念に思ったものです。

国際化社会における武器になる

日本の国際化が進み、二〇二〇年の東京オリンピックに向け、その流れはさらに加速するものと思われます。そうしたなか「日本文化の見直し」がいわれるようになりました。しかし、どれほどの人が日本文化について深く理解しているでしょうか。

一口に日本文化といっても、その実際は多様です。たとえば、都市には都市の文化、農村には農村の文化というように地域性に根差した違いもあれば、学校や企業などその人が所属する集団や階層によっても違ってきます。

ただ言えるのは、文化とは常に体にまとわりついて離れない、その人固有の空気のようなもの、あるいはその空気に漂うほのかな芳香のようなものだということです。すなわち、人が携えている文化は、その人の品格に色濃く表れるのです。

小笠原流礼法は、将軍家、大名家、その重臣らをはじめとする上級武士層の嗜(たしな)み、まさしく生活文化として継承されてきました。公的な場面のみならず、日常においても礼法は重じられ、とくに対人関係を円滑にするうえで欠くべからざるものでした。

礼を重んずる人を高く評価することは、洋の東西を問いません。

たとえば、江戸時代の終わりから明治にかけて、多くの外国人が来日し、当時の日本を記録に残しています。それらには、武士層や貴族層にとどまらず庶民にいたるまで、日本人が高い礼節を備えていることが、多様なかたちで記されています。未開と思われていた東洋の小国が、なぜこれほど高い文化を有しているのかと彼らは驚嘆するのです。

この時代、日本は急速な近代化を図り、やがて先進国の仲間入りを果たします。それを可能にしたのは、日本人の知力と技術力ばかりではなく、礼節を重んじる国民性も大きく貢献したと思われます。

大もとは人を敬い、人を気遣う心

礼法は、単に行儀作法を身につけるためのものと思われがちです。しかし、それは大いなる誤解です。礼法の本質は、実は心のみならず体の鍛錬でもあるのです。

礼法における立ち居振る舞いは、こと細かな決まりごとに則って行われます。これは武道における「形」のようなものです。武道の形は、基礎訓練であり、武技に相応して鍛えられた肉体がなければできません。礼法の所作も、鍛えられた肉体がなければ、とうてい様にならないのです。

ものは試し。本書八四～八五ページにある礼法の基礎練習をやってみてください。両足を閉じたり、開いたりするだけの動作です。しかし、これを正しくやろうとすれば、かなり筋力に自信を持つ人であっても、一筋縄ではいかないことがわかると思います。当時の日本人が、現代人よりはるかに強靭な肉体を持っていたことが、その一事をしてもうかがえます。

礼法の大もとは、人を敬い、人を気遣うことです。所作の決めごとは、すべてそのためにあります。礼義作法も国によって異なりますが、相手の立場に立つことを礼として重んずるのは世界共通でしょう。国際化の進む今日、企業人も世界を相手に闘う戦士です。現代の日本武士の嗜みとして、改めて礼法に目を向けていただきたいと思います。

目次

第四章

歩く――美しい歩みで体が軽くなる――79

第五章

座る――仕事に役立つ凛とした所作――101

第六章

一流店でも困らない和食の作法——133

第七章

立ち居振る舞いでわかる、人の品格——167

第一章

代々、将軍家に指南してきた礼法とは

武士が命がけで伝え継いできた呼吸法と体幹改善

小笠原流とは、弓馬術礼法が一体化したものです。小笠原家は鎌倉時代、源頼朝の師範となった小笠原長清を始祖とします。長清は、宮中儀礼を中心とする従来の礼法を、新しい武家の社会にふさわしいものに組み換え、弓馬術と結びつけました。したがって、礼法は小笠原流の一部にすぎません。しかし、礼法は武家社会の秩序としての役割も担っていました。江戸時代、小笠原家は糾法（弓馬術礼法）師範として将軍家に仕え、代々の将軍をはじめ大名の礼法指導に当たりました。

およそ八〇〇年余りにわたり一子相伝で伝えられてきたことは、礼法の基本的な心得であり、端的に言えばそれは、武士としての気高い心の持ちようと、見た目にも美しく正しい体の使い方です。それはまた、日常の立ち居振る舞いを通して、力強く疲れにくい体をつくる方策でもあります。

礼法では、体にとって自然で適切な呼吸法を大切にします。所作にそれほど激しい動きはありませんが、稽古を続けていけば腹筋や背筋、下肢の筋肉が自然と鍛えられていきます。今でこそ、健康によい呼吸法や体幹トレーニングなどといわれますが、武士は八〇〇年も前からそれを実践していたのです。

「心と体は一つ」を常に意識せよ

礼法というと、こまごまとした決めごとが多く、わずらわしいものと思われがちです。けれども、礼法はけっして形式的なものではなく、その教えもそう複雑ではありません。

次の四点に集約されます。

一、正しい姿勢の自覚。
二、筋肉の動きに反しない。
三、物の機能を大切にする。
四、環境や相手に対する自分の位置（間柄や間）を常に考える。

言うまでもなく、武士は本来が戦士です。世の中が平穏であっても、何かことが起きれば即時に対応できる身構えを常に求められました。そのため礼法も、実用的で効用的でなければなりません。無駄な動きを省き、必要最低限の機能を使用することが大切になります。それは体の動きにおいても、物の扱いでも同様です。この二つが自然にできれば、見る人には美しく調和がとれていると感じられます。

すなわち、人間の体の機能と物の機能、その使い方がよく理解されたときに、それが「しぐさ」に現れてくるのです。したがって、体についてはまず、その構造と機能を十分に理解することからはじめなければなりません。同時に、このことをよくわきまえた先輩の指導を受け「形」として体得することが大切となります。それが、武家の「しつけ」であり、武士の「嗜み（たしな）」として伝えられてきたものです。

小笠原家には『修身論』と『体用論』という伝書があります。室町時代に小笠原の惣領家七世貞宗と当家七世の常興が、弓馬術礼法を体系化して編んだもので、今日の小笠原流礼法の基盤をなしています。これらに記されているのは、立ち居振る舞いも武術も「心」と「体」の両面が大切だということです。

人の心情は、姿勢や態度に表れます。逆に体の置かれた状態は、その人の心理にも深く影響します。たとえば、運動をすると心拍数が上がりますが、運動をしていなくても、呼吸が乱れると心臓の鼓動も速まります。これは脳が呼吸の乱れを異常と察知し、体を防備しようとするためです。心と体が一致していないと、人間はこのようなちぐはぐな反応を起こします。

礼儀作法でも、たとえば今風の「何度に体を傾けて、何秒静止する」という形式的なお辞儀では、心がこもっているようには見えません。この手の作法は体の使い方にも不自然なところがあります。後述しますが、お辞儀ひとつも礼法では、呼吸法を基本として相手と「心を響き合わせる」ことを重んじます。現代マナーやエチケットには、体や物の機能、心の持ちようを理解しなくてもすむものが多く見受けられますが、小笠原流はもののごとの本質をとらえることがすべての出発点となっているのです。

『修身論』と『体用論』は「心と体は一つのものと考え、常にそれを意識した言動を心がけなさい」と教えています。

四季の調和から生まれた「実用・省略・美」

小笠原流の真髄とは何かと言えば、それは「実用・省略・美」にあります。

「実用」を「即戦」や「合理」、「省略」を「効率」という言葉に置き換えれば、ビジネスシーンとも相通じるところがあるかもしれません。しかし、そればかりではなく、さらに礼法で重要とされているのが「美」です。

礼法の「美」は「調和」を意味します。

立ち居振る舞いに「調和の美」を求めれば、それは同時に無駄がなく効率的で、あらゆる場面に即応し、しかも美しい動きになると礼法では考えられています。この「美」の意識は、古来この国の自然や四季を愛で、楽しむ日本人の感性が色濃く作用していると思われます。

たとえば、月を見るにも四季折々で、その感じ方は異なります。

「寒流、月を帯びて澄めること鏡の如し」

宮本武蔵は、川面に映る真冬の月を描写しながら、戦気熟するときの剣士の気構えを述べています。この氷のごとく冴えわたり、慄然とさえ感じられる月が、季節の移ろいとともに趣を変えます。

「あさみどり　花もひとつに霞みつつ　おぼろに見ゆる春の夜の月」

『更級日記』で知られる菅原孝標女（すがわらのたかすえのむすめ）は、心惹かれる情景として、おぼろにけむる春の月を歌っています。風温むおだやかな春の宵をほうふつとさせます。

「夏の夜は　まだ宵ながら明けぬるを　雲の何処に月宿るらむ」

夏の月は、人の心をどこか高揚させるところがあります。清少納言の曾祖父・清原深養父（きよはらのふかやぶ）は、短い夜の逢瀬をこう読みました。そして秋が訪れます。

「ふるさとの宿には一人　月休む　思ふも寂し　秋の夜の月」

神秘的な輝きを見せ、中空に宿る秋の月に、明恵上人（みょうえしょうにん）は、寂寞とした自身の気持ちを重ね合わせています。

四季は、日本特有のものと思われていますが、日本以外にも似たように季節が移り変わる地域はあります。しかし、四季を特有のものと日本人に思わせているのは、季節の折々にさまざまな感情をわき立たせる、この国の自然への共感ではないでしょうか。

明日見る月は、今日の月とは違い、一年後に見る月もまた今日の月と同じではありません。にもかかわらず、自然が一定の摂理、すなわち「調和」によって成り立っていることを、近代科学の知識がない時代から日本人は知っていました。その自然の調和を美と感じていたのです。

もし「実用・省略」のみを求められたならば、人の生活は殺伐としてしまうでしょう。あるがままにあり、絶えず変化しながらも調和を保つ自然の美に倣う。その大切さを礼法は説いています。「実用の合理・無駄の省略・調和の美」すなわち「実用・省略・美」

は、武士の生き方を表す一つの哲学とも言えるのかもしれません。

「心正しく、体直く」すれば疲れにくい

稽古における小笠原流礼法の考え方も、実に明快です。

「心正しく、体直くす」、この一語に尽きます。

「心正しく」とは「偽らざる心を持ち、常に平常心でいる」こと。「体直くす」は、文字通り「体を真っすぐに保つ」ことです。すべての動作の基本は、正しい姿勢をとることにあります。

これを行うのは言うほど易くはありません。人は、とかく自分を飾りたがるものですし、常に体を真っすぐに保つのは現代人にとってはかなりの苦痛だと思います。実際に背筋を伸ばし、その姿勢をできるだけ保とうとしてみてください。何分その状態を維持できるでしょう。

電車に乗ると、吊り革につかまり、ぶら下がっているような姿勢の人を多く見かけま

す。片方の足に重心をかけ、体の片側を浮かせるようにして立っている人もいれば、ドアの脇に寄りかかっている人もいます。座席に座っている人の多くは、背もたれに上体を預け、力を抜いています。当人は、それが楽な姿勢なのでしょうが、いずれも人間の骨格をゆがめ、体の各所に無理な負担をかけている姿勢です。

たとえば、誰もが学校で体験したことのある、いわゆる「体育座り」は、礼法の基本とはおよそかけ離れた姿勢です。両腕で膝を抱えて座れば肩がすぼまり、背中が丸まります。膝は曲げていますから、内臓を圧迫する状態になります。にもかかわらず、体育座りは体を休める姿勢だと思われています。

こうした「楽な姿勢」は、楽をしているようで、実は体を疲れさせます。それが長い間に習慣化していると、なかなか矯正しにくくなります。楽と思い込んでいる悪い姿勢が当たり前になり、何が正しい姿勢で、自分の姿勢のどこにゆがみがあるのかも、よくわからなくなっているからです。ですから、とくに現代人の場合は、体の構造と機能をよく理解した人の指導が必要なのです。

逆の言い方をすれば、正しい姿勢を保つことができている人は、体をゆがめる「楽な姿勢」をとると違和感を覚えるはずです。つまり、体を真っすぐにすることを心がけ、それが習慣となれば正しい姿勢は苦痛をともなうものではなくなります。本来、体に無理な負担をかけない姿勢は、人間にとって最も自然で楽な姿勢なのです。

正しい姿勢を保つには、腹筋、背筋、大腿筋など、いわゆる体幹がしっかりしていなければなりません。体幹は一朝一夕に鍛えられるものではありませんが、体を真っすぐにすることを日常の心がけとすれば、徐々に整えられていきます。

また、正しい姿勢は心にも作用します。体に適度な緊張を強いることにより、集中力が高められ、それが持続できるようになります。つまり、疲れにくい体ができあがってくるのです。おそらくは幼いころから礼法を学んだ武士が、常に毅然とした態度、行動をとることができたのは、そこに理由があると思われます。

この世には客で来たと思うべし

先代の三十世小笠原清信が、教育者の立場から礼法について書いた一文に『礼法稽古法』があります。その冒頭では次のように述べられています。

「私は礼ということは、一つは心であり、一つは形であり、一つは応用であると考える」

第一の心は、目標に向かって稽古する心構えをさし、これは知的教養、すなわち学習によって備わっていくものだとしています。

第二の形は、行動の教養で、心の深さ、広さ、身についた教養がどう表面に現れてくるかということです。

第三の応用は、応用動作をさし、心と体が常に協応し、その動作が生活のあらゆる場において臨機応変に活用されてこそ、教養としてその人の人格に現れるという考え方です。

このなかの「行動の教養」を、私なりに補足してみましょう。

他人を大切にする心や行為は、自分を大切にすることから生まれます。利己的であることや自分本意な行為をよしとするのではなく、自分の人格を大切にすることです。

伊達政宗は、武士が指導者としてとるふだんの態度について、「この世に客で来たと思え」と家臣に教えました。客の立場としての謙虚さを常に持てというのです。

教養は、学問的な知識の量をいうのではありません。他者と円満な関係を持てる社会性、情緒性も教養に含まれます。それがどう行動に表れるかとなれば、少なくとも自分が恥じるべき行動がどういうものかは自覚しておきたいものです。

たとえば、電車の中で大股を開いて座っている人や、大声で話している人を見かけます。聞くに堪えない言葉を耳にすることもあります。このような多くの人の顰蹙をかう姿は、当人はあまり意識していないでしょうが、実に見苦しいものです。その人は、自らの行為により自らの人格を貶めているのです。他人の悪口を言いふらすのも同じです。悪口を聞かされた人は「この人は、同じようによそで私の悪口を言っているに違いない」と思うでしょう。信用を損ない、益するものは何もありません。

小笠原の伝書『修身論』には「礼は宜しきにしたがって行うなり」とあります。

自分の人格を大切にするとは、社会通念に照らして恥ずべき行為はしないということであり、それが他者の人格を尊重することにつながっていきます。そして、他者を尊重できて、初めて円滑な人間関係や社会生活が成り立つのです。礼法が、武家社会で日常の規範とされてきた理由はそこにありますが、これは現代でも変わるところはないでしょう。

堂々とした人は攻撃されにくい

「弓をただ　射てみせたても無益なり　何ともなくて気高きぞ良き」

小笠原家には数多くの歌訓が遺されています。弓馬術礼法の教えを和歌にしたものです。右の歌はその一つ。弓術ができたとしても、そのこと自体には何ほどの意味もない。何もしていなくても、気高く見えることが大切なのだと、この歌は説いています。

小笠原流では、弓術、弓馬術、すべての稽古の基本は礼法です。そして、稽古で最も重要なのは、形を体得することです。

「かたち」には「形」と「型」があります。「形」は生きており、心が通っています。対して「型」は心が通わない鋳型であり「形」とは異なります。「型にはまる」「型にはめる」という言葉があるように、それは外形を整える手段にすぎません。

「形」とは武道でもそうですが、現実のさまざまな現象から、最も正しいものを選び出し、成り立ってきています。そこには「なぜそうするのか」「なぜそうなるのか」という裏付け、理論があります。ですから、礼法は一個人がつくったものではないのです。

形は、そうした理論に基づいた基礎訓練です。「実用・省略・美」を基調とした体の使い方、物の扱い方を、実践により身につけていきます。むろん、初心者は形をまねるところからはじまりますが、この基礎訓練を繰り返すことにより「なぜ」の部分がわかり、正しい心の持ちようも備わっていきます。

礼法が目指すのは「時・所・相手」に合わせた対応ができるようになることです。応用が大切なのです。しかし、何ごともそうであるように、基礎なくして応用はありえません。

形は、初心者のうちは所作の一つひとつを意識して稽古し、指導者に修正されながら身につけていくものです。ある程度、稽古を積んでいくと、あまり意識しなくても形のとおりに体が使えるようになり、さらに熟練すれば何も意識することなく体が動くようになっていきます。

英語による著書『武士道』で、これを欧米に紹介した新渡戸稲造は、

「礼は寛容にして慈悲あり、礼は妬まず、礼は誇らず、奢らず、非礼を行わず、己の理を求めず、憤らず、人の悪を思わず、と云い得るでありましょう」

と記しています。また「最も著名なる礼法の流派」として小笠原流をあげ、当時の二十八世宗家であった清務の言葉を引用しています。

「礼道の要は心を練るにあり、礼を以って端坐すれば兇人剣を取りて向かうとも、害を加ふること能はず」

礼法をよく会得した人には一部の隙もなく、悪人が剣を持って襲いかかろうとしても、

容易に打ち込めはしないと清務は言っています。妬まず、誇らず、奢らず、非礼を行わず、立ち居振る舞いの堂々とした人は、他者から攻撃を受けにくいのです。

何歳からでも体の改善はできる

私は大学で礼法の授業を持っています。

授業では、立つ、歩く、座る、回るといった日常の動作、あるいはふすまを開け閉めするときの基本動作などを、毎回繰り返します。これは野球選手の素振りと同じで、礼法の形も基本の反復によって修正され、定着していくものだからです。一年間それをやり、翌年にはふり出しにもどるような状況なのですが、それでも三年も続けると、なかには多少様になる者も出てきます。

はじめのうちは和室に入ると、床の間を椅子代わりにして座ったり、畳に寝転んで授業のはじまりを待っている学生も少なからずいました。自宅に和室がなく、床の間を知らない学生もいます。しかし、和室のことやそこでの正しい振る舞いを知れば、そういう者はいなくなります。奇抜な服装や髪形を改めた学生もいます。おそらく彼は、人とは違う奇抜さが個性の表現だと思っていたのでしょう。しかし、礼法に触れるうちに、個性は外見ではなく、内面からにじみ出てくるものだと気づいてくれたのかもしれません。

礼法は、明治時代から第二次世界大戦前までは、学校教育に組み込まれていました。武家社会の慣習に否定的な森有礼（ありのり）が文部大臣になると、学校での作法教育は一時全廃されますが、その後に復活しました。子供のころから段階的に身につけることが好ましい礼儀作法は、本来ならば家庭で教えるものだという考えから、やがては母親となる女子の教育にとり入れられるようになったのです。

戦後、学校教育から修身や礼法の項目が外されました。しかし、今日でも伝統ある私立女子校では、礼法の授業を行っているところが少なからずあります。付属の中高一貫校に入り大学まで学ぶとするならば、生徒は一〇年ほど礼法の世界と触れることになります。聞くところによると、それらの学校では、社会人となって母校を来訪した卒業生が、礼法の授業をふり返ることがしばしばあるようです。

「礼法はあまり好きな授業ではなかったし、何を教えられているのかもそのときはよくわからなかったけれど、社会に出てからその意味がわかった。今は、礼法の授業で習ったことがとても役に立っています」

彼女たちは、そのような話をするそうです。

また、カルチャースクールの礼法講座に、もう三〇年近く通われている女性がいます。七〇代と高齢ですが、電車やバスに乗るときは吊り革につかまることなく立っていられ、多少のゆれにも動じないそうです。先ごろは、杖を持たずに比叡山に登ったと言っておられました。

礼法は、できれば三歳くらいからはじめるのが好ましいのですが、ことほど左様に何歳からはじめても立ち居振る舞いを正し、体と心を整えていくことができます。

無理なく動けば体の痛みもなくなる

先にも述べたように、悪い姿勢は体の部位に不自然な負荷をかけます。人間の骨格のなかで、頸椎（首）や腰椎（腰）、膝などよく動かす部分は、とくに負荷が強くかかりやすいところです。腰痛や肩こり、膝痛などは、長年不自然な姿勢のままの生活を続けていたり、無理な物の扱い方をするせいで起こってくる場合があります。

ふだん何気なく行っている動作で、それが体に余計な負担をかけている例は意外に多いものです。さらに物の扱いとなると、体に悪い影響をおよぼすばかりではなく、扱う物を傷めることにもなります。たとえば、ふすまや障子を開けるとき、あなたはどのようにしているでしょう。

引き手に両手を添えて開けるのが正しいマナーだと思ってはいませんか？

体の筋肉の働きや、物の機能に基づけば、実はこの開け方は理にかなってはいません。

ふすまを左から右へ開くとき、右手に左手を添えて開けようとすると、引きはじめでは右手の上腕部の筋力を使い、引き手が体の中央を過ぎると、逆に左手の上腕部の筋力を使うことになります。つまり、体の中央を通り越した腕は、バラバラな動きをしているのです。また、左手だけで開けようとすると、体の中央を過ぎるとき、上腕部の筋肉が急速に働くため、乱暴な開け方になってしまいます。

いずれの場合も、ふすまに斜めの曲がった力が働き、ふすまは次第にゆがんでいきます。

正しくはまず、左手でふすまを開け、引き戸が体の正面まできたら右手に替えて開くようにします。それが腕の筋肉に余計な負担をかけず、無駄のない動きであり、物を大切にする所作でもあるのです。

ふすまと同様に、人の体も無理や無駄な動きを続ければ、それは徐々に積み重なり、何らかの悪影響をおよぼします。もし、あなたが今、三〇代の働き盛りだとして、この先二〇年、三〇年をゆがんだ姿勢や不自然な動きのまま過ごすのと、体に合った姿勢と動きで過ごすのと、どちらを選ばれるでしょう。

実際、教場や講座に通われる方のなかには、長年続いていた肩こりや体調不良がなくなったとか、体の痛みが和らいだと言われる例がいくつもあります。

畳の縁は本当に踏んではいけないのか

ふすまの話を持ち出したついでに、畳のことにも触れておきましょう。これも形式的な現代マナーやエチケットと、合理性を大切にする礼法の違いです。

和室を歩くときは「畳の縁を踏んではいけない」とよくいわれます。礼法では、そのような決めごとはありません。なぜなら「畳の縁を踏まずに和室の中を移動する」こと自体に無理があるからです。

人には体格に見合った歩幅があります。対して畳の幅は九〇センチと決まっています。人が自分の歩幅で自然に歩こうとすれば、畳の縁を踏むのは多分にありうることです。もし、畳の縁を踏まないようにするために歩幅を変えるとすると、それはその人にとって不自然な歩き方になってしまいます。

和室の作法では、正座の姿勢からつま先を立てる跪座の状態での所作が多いのですが、跪座で畳の上を移動する場合（膝行、膝退）、畳の縁を踏まないようにするのはまず不可能です。そうすることが人の体と動きの自然さを損ない、不合理であるから、小笠原流の礼法では「畳の縁を踏んではいけない」などとは言わないのです。

ただし「敷居や閾を踏んではいけない」とは教えます。

敷居と柱は連結しており、家を支えている重要な構造の一部だからです。歩くたびに敷居を踏みつけていれば、敷居はゆるんだりゆがんだりして、ふすまや障子など引き戸の滑りが悪くなり、敷居の下でつながっている床の根太を傷めてしまいます。さらに進めば天井が下がってくることにもなるでしょう。

畳の縁は、傷んだら張り替えが利きます。和室のある家では定期的に畳替えや表替えをするでしょうから、畳の縁を踏んでもさほど大きな問題にはなりません。しかし、敷居のように家を支える構造がゆがんでは、これを直すのは容易なことではありません。

敷居を踏まないのは、家を大切に使う、あるいは他家を訪問するときも、その家を大事にするということですが、背後にはそのような合理性があるのです。

型にとらわれず「時・所・相手」に合わせる

人は経験を積むことで、徐々に生活のあらゆる事態に即応できる能力と態度が身についていきます。しかし、その対応が正しいものであるかどうかは、基となるものさしがなくては判断できません。礼法は、そのものさしです。

礼法では、時・所・相手に応じた臨機応変な行動、動作が求められます。そのためには、正しい生活態度とはどういうものなのかをわきまえていなければなりません。正しい生活態度を知ってこそ、臨機応変の行動がとれるようになるのです。

小笠原流の重要な教えに「事理の自然」があります。事理の自然とは、ものごとの本質をつかみ、その本質に従って考え、行動することです。これは、ビジネスにおいても、とても重要なことではないでしょうか。

たとえば、二〇〇五年にはじまったクールビズ。一〇年経った今日では夏場、どの職場でもノーネクタイ・ノージャケットが当たり前のようになっています。少し思い返してみてください。皆さんは夏場、取引先の方がネクタイ・ジャケットを着用して来社されたら、どのように対応していますか。

私は、企業や役所を訪問するときには、夏場であっても背広にネクタイを着用します。応対するほうは、ノーネクタイ・ノージャケットで出てこられる場合が圧倒的に多いのですが、これをどう思われるでしょう。

背広にネクタイは、日本が西欧の文化をとり入れて近代化を図って以降、一〇〇年以上にわたり、ビジネスシーンにおいては制服のように位置づけられてきた服装です。その慣習が夏場だけとはいえ、たった一〇年の短い間に大きく様変わりしています。

クールビズを頭から否定しているのではありません。しかし、背広にネクタイ姿の来訪者に対し、クールビズの服装で応対するのは礼を失していると私は感じます。人によっては「相手に軽んじられている」と思われる方もいるでしょう。来訪者がきちんとした服装であったなら、それに合わせた服装で応対するのが礼儀というものです。

逆に、来訪者がクールビズの軽装であるなら、背広にネクタイ姿で失礼にはあたらないし、こちらがクールビズに対応しても礼を失することにはならないでしょう。要は、ことの本質に立ち帰って考え、相手に合わせることが大切なのです。

知的な教養と行動の教養の両方が相まってこそ、積み重ねてきた経験を応用することができます。事理の自然を基とすれば、その場の状況や雰囲気に合わせられ、とる行動はそれにふさわしいものとなります。

反して、事理の自然を忘れては、どれほど正しく教えられ、身につけたことも偽物となり、死物となってしまいます。形式のみにこだわり、部位にとらわれていては、魂を失った行動になると伝書『修身論』は説き、三十世清信の『礼法稽古法』にも同様のことが述べられています。

礼の理念は元来、法をもって生まれてきたものです。そして、礼法にいう法とは、

「春に恵み、夏に茂り、秋に色づき実る、冬は収まる」

という自然の理法に従うことであり、

「人畜草木、その節に違わなければ、それが法を守る」

ことになると説明されています。

偽らざる誠意をもって自然の理法に従い、時・所・相手に従った行為を行えば、それが礼法の心となり、形となってくるのです。

礼は平穏な暮らしをもたらす

武家の社会での礼法は、日常生活を司る規範でした。しかし、武家社会ができる以前から、礼は国家を支える中軸と考えられていました。

日本文化は、古代より中国文化の影響を大きく受けています。礼についての考え方も中国からもたらされ、日本独自の発展を遂げました。

たとえば、聖徳太子が制定した『十七条憲法』の第四条に「群卿百寮礼を以って本とせよ」と定められています。条文には、人民を治めるに礼は根本をなすものだと規定されています。さらに、上位の者が礼をわきまえなければ下位の者は従わず、罪悪をなす。そして、礼が人民にまで広がれば、国は自ずと治まるという意味のことが同じ条文に述べられています。企業になぞらえれば、上位の者を経営陣、下位の者を管理職、人民を社員と置き換えるとわかりやすいと思います。

いつの時代も経済活動は、世の中の平穏と政治の安定を前提に発展しています。企業単体として見ても、礼儀を顧みず、人間関係がぎくしゃくした状態ではとても発展は見込めないでしょう。それはまた、家庭生活も同じです。夫婦が互いの言動を尊重せず「ああしなさい」「こうしてほしい」と要求を突きつけ合うばかりでは、円満な夫婦関係も家庭の平穏も築くことはできないでしょう。

自分の人格を大切にし、相手の人格を尊重する礼の基本とは、ある意味で自分の領分のいくらかを相手のために明け渡すようなものです。家族関係も、家族以外の対人関係も、それをわきまえるかどうかで変わるのだろうと思います。

人間は放っておけば、どこまでも楽をしたがり、身勝手にもなれる生き物です。今日では楽をすることや身勝手が、自由であり個性であるとはき違えている人も少なくありません。最近の若者は、あいさつもろくにできないという話をよく耳にします。しかし、それはあいさつを教える者がいて、あいさつを必要とする環境がなければ身につきません。

実際に、礼法の授業を受けている大学生たちに尋ねたところ、両親が共働きで朝も夜もすれ違いで顔を合わせないため、ふだんはあまり家族とあいさつを交わすことがないという学生が多くいました。あえてしなくていいのなら、あいさつはしない。そういう感覚が当たり前になってしまえば、礼の精神はたちどころに廃れていきます。

礼が廃れれば、世の中は乱れ、人と人とのつながりも壊れやすくなります。

人間は、楽をするのが大好きな一方で、ひとたび志を持てば、目標に向かってたゆまず努力できる生き物でもあります。その精神性が、礼を共通する価値観として中軸に据える社会を人間に築かせてきたと言っても過言ではないと思います。

礼法は、体と心を健やかにします。ものごとの本質に根ざした立ち居振る舞いにより、人の品格を高めます。そして、他者を敬い、気遣うことを本意として、人間関係を円滑にします。すなわち礼法を知るとは、自身の生活を平穏で心豊かなものにする術を身につけることなのです。

第二章

立つ

まずは体を真っすぐにすることから

耳は肩に垂れ、顎が浮かず、襟がすかぬように

パソコンで仕事をする方が増えました。電車に乗れば、スマートフォンに夢中になっている方を数多く見かけます。

画面をのぞき込む姿勢は、上体が前かがみになって顔が前に突き出し、背が丸まり、肩がすぼまった状態です。これは体の構造からすれば、かなりの無理を強いる姿勢です。胸も圧迫し、呼吸を浅くします。健康上も好ましいとは言えません。

「耳は肩に垂れ、顎が浮かず、襟がすかぬよう」

正しく立ったときの上体の姿勢を、礼法ではこう指導します。

意識して、耳の線が肩に下りるよう頭を据え、顎を軽く引き、首は服の襟との間に隙間ができないようにします（次ページイラスト参照）。

体をスッと伸ばすだけでどこか窮屈な感じが消えていくのがわかると思います。礼法の所作は、このように体にとって自然で無理や無駄のない姿勢が基本となっています。

体に負担をかけない立ち方

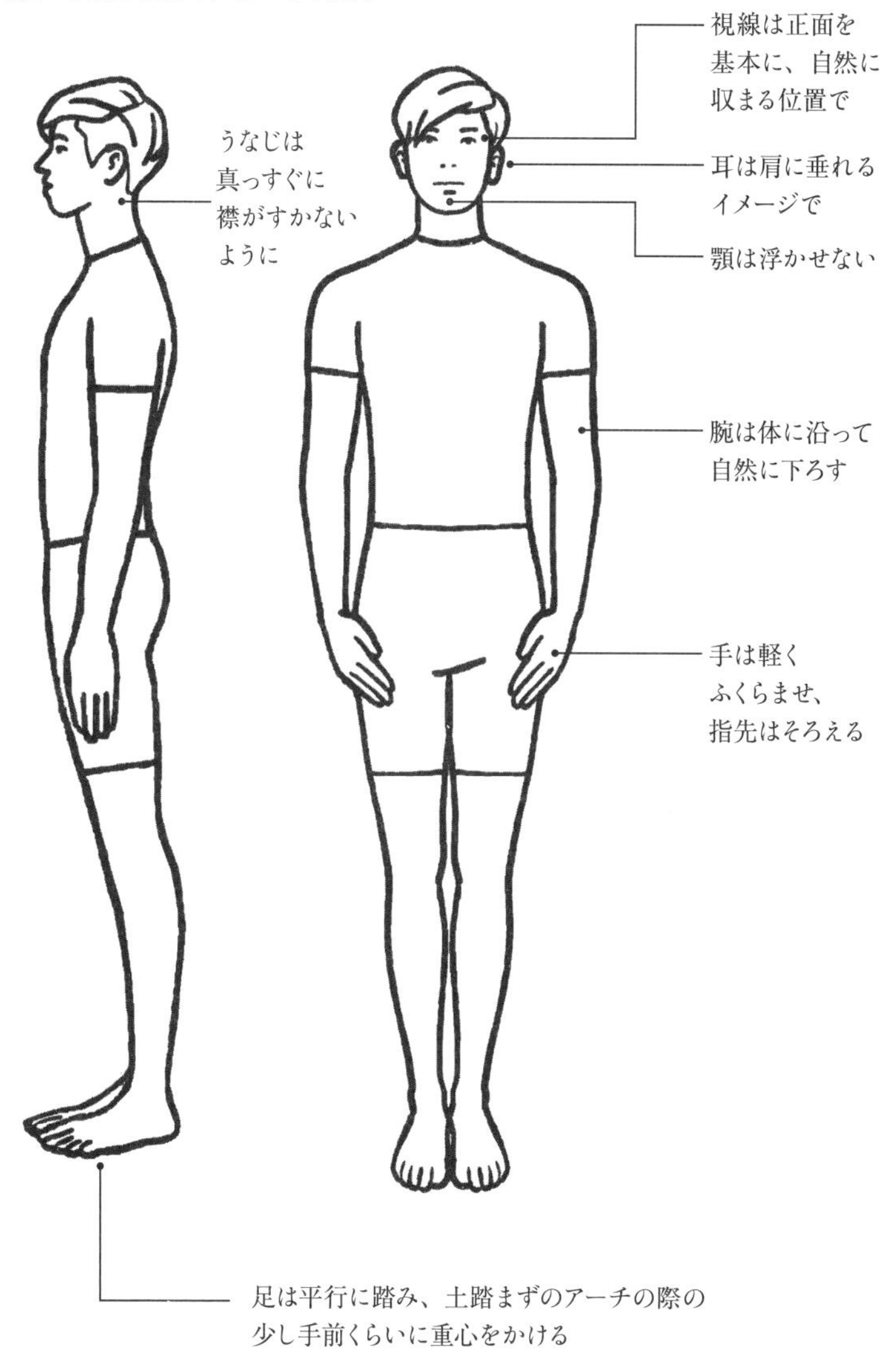

体に一本の線を通せば、立ち姿が美しくなる

正しい姿勢というと、小学校で習った「気をつけ」を思い浮かべる方が多いのではないでしょうか。実は、おなじみの「気をつけ」の姿勢には、少し不自然なところがあります。「気をつけ」の姿勢は、足はつま先を少し開いて踏み、背筋を伸ばして胸を張り、両手は体側に沿わせ、手の中指をズボンの縫い目につけるようにと教わったと思います。

しかし、これでは、人間の体の構造からして、余計な負担がかかる部分が出てきます。

背筋をピンと伸ばすことは「立つ」姿勢の基本中の基本。さらに大切なのが体の「重心」です。頭のてっぺんから足の裏まで、体に一本の線が通っているかどうかで、立ち姿の美しさが決まります。そして、それは体のどの部分にも、余計な負担をかけない自然な姿でなければなりません。ところが「気をつけ」は、立ち方は教わっても、体の重心の置き方までは教えられていません。

礼法でいう「立つ」姿勢で大切なのは、次の四点です。

一、力学的に安定している。

二、筋肉にかかる負担が少ない。

三、内臓の諸器官を圧迫しない。
四、正しく脊柱に沿っている。
これを実践すると「立つ」姿勢は次のようになります。まず、両足は平行に踏みます。重心は両足の間、足の土踏まずの中央よりやや前の位置と、頭を結んだ一線に落とすようにします。すると、全身はほんのわずかに前がかりの姿勢になります。脊柱に沿って腰の上に胴を据え、首筋が真っすぐになるように、胴の上に頭を軽く据えます。

このときに、力を入れて胸を張ったり、肩を後ろに引いたりするのは、体をこわばらせ、無理をかけることになります。

頭は、耳が肩に垂れるように、顎が浮かないように、襟がすかないように据えると、背骨は真っすぐに伸びます。内臓や諸器官を圧迫することもありません。さらに、肩は力を抜いて、左右の鎖骨を平らにして静かに下ろします。手を自然に下げ、小指を伸ばすような気持ちでいると、鎖骨が下がってきます。

腕は自然に垂らします。手は心もち手のひらをふくらませ、小指に意識を持たせると、指がきれいにそろいます。指が開いているのは、口が開きっぱなしになっているようなもので、だらしなく見えます。人間の肩は体の横にあり、腕は肩についていますが、腕を自然に垂らすと手は体側よりもやや前の、腿の脇に位置します。

このようにして、胸に息を詰めず、静かに呼吸をすれば内臓の諸器官を圧迫することもありません。毅然とし、のびやかな姿勢となります。

体構えの中心は腰にあり

「腰は中なり　本なり　不動の地なり」と『体用論』にあります。

礼法の基本動作「立つ、座る、歩く、お辞儀をする、物を持つ、回る」で、最も重要な役割を担うのが腰だと『体用論』は述べています。

人間の二足歩行を可能にしているのは直立した脊柱（背骨）です。頭を支えている頸椎（首）から、骨盤につながる腰椎までの脊柱は、ゆるやかなS字を描いています。このS字の曲線が正常に保たれていることが、人間にとっては最も自然な状態です。

その脊柱のなかで、頸椎と腰椎は一番動きやすく、動かしやすい部位です。しかも、腰椎は、二足歩行する人間の宿命で、あらゆる力がここにかかってきます。つまり、体を支えるにも、体を動かすにも、そのバランスを常にとっているのが腰なのです。腰がしっかりしていないと体がフラつき、何をするにも力が入りにくくなります。

落ち着いて堂々とした様子を「腰が据わる」と言います。これは腰の中心に、一本の重心線が通っている姿です。体の中心に重心線が通った姿勢は、足や腰の各部にかかる負担が少ないうえ、内臓の諸器官への圧迫も最小限に抑えられます。また、重心のとれたバランスのよい立ち姿であれば、歩く、しゃがむ、跳ぶなど、どのような動きへもスムーズに対応できます。

さらに、真っすぐ芯が通った姿勢は、脳と各神経をつなぐ経路にもよどみがなく、柔軟で明晰な思考をもたらすとする説もあります。姿勢のよい人は、見た目が美しいばかりではなく、病気知らずで健康な方が多いものです。

正しい姿勢は「意識して行う」が肝要

ふだん自分の立ち姿を気にかけることはありますか？

目の前に大きな鏡があれば、ちょっと背筋を伸ばしてみたりはするかもしれません。しかし、多くの方は、自分の立ち姿や姿勢を、ふだん気にかけることはあまりないようです。

鏡に映った自分の立ち姿をよく観察すると、何かしら不自然なところに気がつくと思います。たとえば、頭が左右どちらかに傾いている、顎がわずかに前に出ている、肩がすぼまっている、どちらかの肩が下がっている、腰が引っこんでいる、体の重心が左右どちらかに偏っているなどなど。このような不自然さがあると、立ち姿は毅然とは見えません。

礼法の稽古の基本動作は「立つ、座る、歩く、お辞儀をする、物を持つ、回る」の六通りです。これら一連の動作を正しい姿勢で、適度な体の緊張を保ちながら滑らかに行えるようにします。

いずれの所作においても大切なのは「意識して行う」ことです。

優れたスポーツ選手は、自分の骨格や筋肉の動きを意識し、手足の指先、体のすみずみまで神経を行きわたらせていると言います。ふだんのトレーニングで常にそうしているので、フォームに乱れが出たときに、即座に修正できるのです。姿勢を正すとき、基本動作を行う場合も、体のクセを直すのは意外に大変で、漫然と行っていてはすぐに元にもどってしまいます。姿勢を正すにも、動作を行うにも、体の各部の状態や動きを常に意識していなければなりません。

礼法に「生気体」と「死気体」という言葉があります。

生気体とは、視聴言動をしっかりと己が意識に銘じ、どんな些細なことも真剣に行うことです。対して死気体とは、うかつにものごとを見たり、聞いたり、さしたる意識もなしに手足を使う状態を言います。

「視聴言動心魂にはっきりと覚えて、ものを見るにも、ものを聞くにも、身体の起居振舞い、手足を使うにも、しっかりとよく自分の心に銘じて行動することが『実体』であり『生気の体』である」

『体用論』はそう説いています。

心に覚えず、すなわち「なぜなのか」も考えず、軽率に見たり、聞いたり、手足を使えばそれは「虚体」であり「死気体」となります。したがって「実体」か「虚体」かは、心にはっきりと銘じて行うか否かの違いで定まります。礼法の稽古を積んだとしても、思い入れが薄く「虚体」であればその稽古は無益です。気を静め、自分の体や心と対話することを怠らず、常に「実体」であることが大切なのです。

これは姿勢、動作のみならず、物の扱いや言葉遣いにも言えることです。

骨の少ないところを鍛えると体は安定する

小笠原流弓馬術では、昔から「骨の少ないところを鍛錬せよ」といわれてきました。

これに従って脊柱を見ると、最もよく動く頸椎と腰椎の部分が一番鍛えるべきところだと言えます。頸椎のまわりの筋肉を鍛えるのは、なかなか難しいのですが「耳は肩に垂れ、顎が浮かず、襟がすかぬように」、すなわち頭を真っすぐに据えることを習慣づけると、次第に鍛えられていきます。

腰椎の動きを支える筋肉では、背筋と腹筋が大きな役割をしています。背筋は、上体を後ろから引っ張って脊柱を起こし、腹筋はその脊柱を支えています。単に「立つ」姿勢をとるだけでも、背筋と腹筋が鍛えられていないと、長時間保つことができないのです。

また、腰をのせている大腿筋の役割も重要です。

先に述べた礼法の基本動作では、太腿の筋肉を活用します。腿を鍛えるのが礼法と言ってもいいほどですが、そのなかでも礼法の所作では内転筋（内腿の筋肉）が活躍します。内転筋は、腰椎と大腿骨をつなぐ大腰筋とも連動するので、これをよく使うと体幹が鍛えられていくのですが、今日一般的な日常の動作ではあまり使われません。それもあって、初めて礼法の稽古に来られた方は、一日目で太腿が筋肉痛になり、悲鳴をあげるほどです。正しく美しい姿勢を保つには、それなりに鍛えられた肉体が必要なのですが、日常生活の起居進退を通じて、体幹を鍛えられるのが礼法です。

足は平行に踏み、左右均等に体重をかける

「気をつけ」の、つま先を開いてかかとをつける立ち方に慣れている人が、足を平行に踏んで立つと違和感を覚えるかもしれません。

ひとまず、この両方を試してみましょう。すぐに違いがわかると思います。

かかとをつけて立つと、重心がかかと寄りに乗り、体が反りやすくなります。おでこを指先で突かれたら、後ろによろめいてしまうでしょう。

では、両足を平行に踏み、土踏まずの前のほうに重心をかけてみてください。両足にかかる力に、ずいぶん余裕ができて、体が軽くなった感じがしませんか？　かか

とを浮かせやすくもなっているはずです。両足を平行に踏んで立つと、動作の動きだしがスムーズで軽やかになります。歩くときに、スッと滑らかに歩を踏み出せます。反して、かかとをつける立ち方は、かかとにかかった体重を一度前に移し「よっこらしょ」と体を持ち上げなければならないので、動きだしが鈍くなります。

また、両足を平行に踏んで立ったとき、ふだんかかとをつける立ち方をしている人は、内腿がわずかに張り、お尻の筋肉が引き締まる感触も覚えるでしょう。それは、正しく立つのに必要な筋肉を、きちんと使っている証拠です。さらに、背筋を伸ばし、耳が真っすぐに肩に垂れている状態にすれば、それでよし。腹筋、背筋も働いて、体勢はとても安定したものになります。

左右の体のバランスにも注意してみましょう。

体の中央を通る線に重心があれば、体重は左右均衡にかかります。しかし、左右のどちらかに重心を傾けて立っている人が、意外に多いのです。

ふだん片側の肩にバッグをかけている人、片側の手に重い荷物を持つ人は、自分では真っすぐに立っているつもりでも、そちらの肩が下がっていたりします。そのような人は、左右のバランスが崩れているおそれがあります。ふだんからその体勢に慣れているので、真ん中に重心を置いて立つと違和感があるかもしれません。

左右のバランスが崩れた体勢で行う日常の動作は、肩こりや腰痛の原因となります。痛みのせいでますます姿勢が悪くなり、よけいに肩こりや腰痛を悪化させるという悪循環を招くおそれもあります。

背中を丸め、首を前に出して猫背になっている人もよく見かけます。当人は気づいていませんが、歩く姿はまるでゴリラのようです。背中が丸まった猫背の姿勢は、腹筋が弱って腰痛を起こしやすくなります。また、内臓が圧迫されるので、胃腸にも負担をかけてしまいます。デスクワークが多く、長時間パソコンを使う仕事をしているような人は、とくに注意が必要です。

立ったとき、手を前に組むことなかれ

立つときやそこからお辞儀をするとき、手を体の前で組みなさいと教えられたことはありませんか？

現代マナーの指導でよく見受けられますが、これは間違いです。手を前で組むと、肩が前に出て胸がすぼまります。腕を自然に垂らせば、胸も自然に開くのですが、これだとそうはなりません。手を前に組むことで謙虚さを表し、つつましく見えると思われているようですが、逆に妙にへりくだった態度にも映ります。手を組むのは、そもそも不安感から逃れて安堵を得ようとする動作で、緊張感や集中力を薄れさせるものです。

最近の秘書検定でも女性の場合は、手を胸の下あたりで組むようになっているようですが、どうでしょう。謙虚というより、むしろ横柄な印象を受けないでしょうか。諸外国の要人や皇族方で、立つときやお辞儀をするときに手を組んでおられる方はいらっしゃいません。人間の腕は、体の横についているのですから、自然に垂らせば体の前で手を組めるはずがないのです。

このような自然な動きに反し、心の通わない体構えで人と接するのは、本来は失礼に当たることなのです。

筋力不足が生む、悪い姿勢の典型とは

以下、典型的な悪い姿勢を五つご紹介しましょう。

その一は、上体がやせているのに、立ったときにお腹だけが目立つ人がいます。別にお腹が大きいわけではないのです。こういう立ち姿は、首を前に出して、胸をへこませているせいで、お腹がせり出していることが多く、膝を曲げてバランスをとっています。どちらかというと女性に多いケースです。

その二は、いわゆる出尻鳩胸で、全体に最も多く見られる悪い姿勢です。これは呼吸を胸にとどめる姿勢で、胸とふくらはぎに多くの負担をかけます。体の重心がかかとに落ちるため、ふくらはぎの線と胸から落ちる線との二つの線でバランスをとっています。こういう人は、歩くときもつま先が開き、外股になるため腰をふります。重心が足の土踏まずではなく、小指のほうにかかるので、膝がゆるみます。膝のゆるみが大きい人は、関節症にかかりやすい傾向があります。

その三は、前述した「気をつけ」の、かかとをつけてつま先を開く立ち方です。重心がかかとに落ちるので、上体のバランスをとりにくく、体に無理をかけることになります。

余談ですが、明治時代に士農工商の身分がなくなり、誰でも軍隊に入れるようになりました。なかには教養の浅い子供もいたため、集団教育を施す必要から「型にはめる教育」がなされました。子供のころから自然に習熟した、歩く、立つという当たり前のことを、集団行動をとらせるために矯正したのです。現在でも、学校で指導されているかかとをつけてつま先を開く立ち方は、これに由来します。「形」ではなく「型」なのです。

また、かかとに重心が落ちて上体が反り、バランスが崩れた姿勢は、太ってお腹の出た男性によく見られます。「お腹が出ているから仕方がない」という声が聞こえてきそうですが、だからと言ってそのままにしてよいはずがありません。

悪い姿勢のその四は、これも男性に多く見られるもので、尻を突き出して前傾し、息を詰めた姿勢です。全体的に体が緊張した状態にあり、臨機応変に身動きできる姿勢ではありません。これら四つの姿勢は、腰部の鍛錬不足からきています。

その五は、首が前に突き出た姿勢です。前述したゴリラ歩きの猫背とは違い、首が前に出ているのに、上体が後ろに反っているというものです。これは頸部の鍛錬不足によるものです。

いずれの場合も、そのままにしておくと体に悪影響を与え、健康を損ないかねないのは言うまでもありません。どれかしら当てはまると思われる方は、積極的に姿勢を矯正することをお勧めします。

頭や胸にある意識を腹に下ろす

立つ姿勢では、もう一つ大事な点があります。それはお腹のあたりを自分の体の中心と思い、そこに力をとどめておくことです。「丹田(たんでん)」という言葉をご存じでしょうか。

腕を後ろに回して、両手を腰部に当て、そのまま体に沿わせて前へ回してくると、手のひらが臍(へそ)をV字に囲む形になります。このとき、腰の中心と臍を結んだ線の下あたりが丹田です。実際に内臓器官があるわけではありませんが、気功法でも全身の気が集まる場所とされています。臍下の体内に、小さな器があるとイメージしてもいいでしょう。立つ姿勢では、その小さな器に常に意識を集めておくようにします。

意識を集めるというのが、少しわかりにくいかもしれません。正しい姿勢で立って、お腹に手を軽く当て、ゆっくりスーッと息を吐きながら上体の力を抜き、その力を臍下の丹田に下ろしていくようにすると、感じがつかめると思います。力むのではなく、体を自然に弛緩させて集めてきた力が、ここにとどまっているという感覚です。

これも実は、体幹を鍛えるのに有効です。姿勢が安定し、気持ちも落ち着きます。俗にいう地に足がついた泰然とした姿勢になるのです。体中心に意識を集めておくと、必要なときに、その動作に適した力を発揮することができます。発声が明瞭になり、声がよく通るようにもなります。

意識が拡散し、上体がうわずった姿勢からは、およそ落ち着きが感じられません。体のバランスが崩れやすく、動作も安定せず、物を持とうとして取り損ねて落としたり、そのために怪我(けが)をしてしまうというようなミスも起こしがちになります。

「心中に一張りの弓を含む」

これは、一挙手一投足に隙のない状態をさします。そこはかとない緊張感が漂う姿は、一張りの弓のように凜としたものです。

通勤電車では二本の足で正しく立つ

ただ「立つ」というだけで、これほどたくさん留意することがあるのか、そう思われた方が多いのではないでしょうか。しかし、それは、それほどまでに今の日本人の姿勢が乱れているということです。

かつての武士、あるいはその文化を携えていた人々には、これが当たり前でした。上級武士は、体の鍛錬に弓術や馬術を嗜(たしな)みとしましたが、その日常は座して過ごす時間が多かったようです。とくに城中に出仕している間などは、ほとんど一日中、座り続けだったでしょう。漫然と座していては筋力がどんどん衰えてしまいます。

礼法の「実用・省略・美」は、戦いに生き抜くことを必要とし、しかも気高さを重んじた武士の価値観が基になっています。平常心を保ち、ことあらば素早く臨機応変に動けるようにするために、武士は立ち居振る舞いを通じて鍛錬することを常の備えとしたのです。彼らのようになるには、ひとかたならぬ努力を要します。しかし、そこには多くの見習うべきものがあります。

まずは、常に体を真っすぐにすることからはじめましょう。

無理せず、できるところからでかまいません。

身近に姿見があれば、ときどき自分の姿を映して、これまで述べてきた体のゆがみをチェックしましょう。最近は、鏡面の建物も多いので、街を行くときにちょっと立ち止まって、姿勢を確認するというのもいいと思います。通勤電車の中では吊り革に頼らずに、二本の足で正しく立つことを心がけましょう。

体を真っすぐにして立つ正しい姿勢は、悪い姿勢がクセになっている方には苦痛に思え、最初はほんの数分ももたないかもしれません。しかし、正しく立ったときの感触の変化を意識し、一日のなかでその機会を増やし、正しい姿勢をとる時間を少しずつ伸ばしていけば体がだんだん慣れてきます。

「心正しく、体直（たいなお）くす」が礼法の基本。毅然として美しい立ち居振る舞いも、人としての品格も、そこから備わってきます。体を真っすぐにするだけでも、それまでとは違った風景が心の中に広がるかもしれません。

第三章

呼吸

息を整えれば日常が変わる

集中力が持続する武士の呼吸法

人は生まれた瞬間から呼吸をはじめます。誰に教わるでもなく、生きるために不可欠な生理機能ですから、ふだんはあまり呼吸を意識することはありません。ここでは、その呼吸の仕方に目を向けてみましょう。

礼法では、ゆっくりとした深い呼吸を常とします。呼吸と動作の関係では、一般的には動作に合わせて呼吸をしますが、礼法では呼吸に動作を合わせます。この呼吸法と、呼吸に動作を合わせることを覚えると、身体機能や精神力を大きく向上させることができます。歩くのが苦手、階段の上り下りがつらいという人でも、それが苦にならなくなるのです。

現代人は呼吸が浅くなっているといわれています。ストレスのせいもあるようですが、姿勢の悪さも多分に影響していると思われます。

たとえば、椅子に座ってパソコンで仕事をしている人の姿勢は、前かがみになって肩がすぼまり、肺を圧迫して呼吸を浅くします。呼吸が浅いととり込む酸素の量が少なくなりますから、そのような姿勢を長くとっていれば慢性的な酸素不足の状態が続くことになります。それでは体が疲れやすく、集中力も持続できません。

ゆっくりと深い礼法の呼吸は、空気をたっぷり肺にとり込み、体のすみずみに行きわたらせる呼吸法です。疲れにくく、一定の緊張と集中力を長く保てるようになります。毎日、デスクに覆いかぶさるような姿勢で仕事をしている方は、体を起こして背筋を伸ばし、ゆっくりと深い呼吸をするよう心がけてください。

鼻から体の奥を通し、腹に収めてゆっくり吐く

心肺は、生命維持のために止むことなく働いている器官ですが、少し異なったところがあります。心臓は、意図的に鼓動を止めたり変えたりできませんが、肺の呼吸は意識して止めたり変えることができます。

通常、呼吸は無意識のうちに行われています。しかし、礼法ではそれがいかに些細な動作であっても、常に呼吸を意識し、その呼吸に動作を合わせるようにします。

呼吸が無意識であれば、それを動作に活用できませんが、意識して呼吸をすれば動作に合わせることができます。武道でもそうですが、礼法でもこの意識的な呼吸を動作と連動

させます。なぜ、呼吸に動作を合わせるのかは後述するとして、呼吸法について述べましょう。

礼法では、腹で呼吸します。

腹は呼吸器官ではありませんが、あたかも腹が息をしているような呼吸と言えばいいでしょうか。丹田を中心とした体幹を使う呼吸法、いわゆる腹式呼吸です。

息は鼻から吸い、鼻から吐きます。

吸う息は、ゆっくりと、体の奥を通すように意識し、下腹にため込む感覚で吸います。吐くときもゆっくりと吐きますが、このときに下腹の状態を吸うときと同じ状態に保ったまま吐くようにします。

肺だけを使う胸式呼吸では、息を吸うときに胸がふくらみ、肩が上がります。上体に無駄な動きが生じ、肩や首筋も緊張させます。腹式呼吸ではこれがなく、上体は安定してリラックスした状態に保たれます。声楽家や舞台俳優、アナウンサーなど声を使う職業の人は、腹式呼吸のトレーニングをします。胸式呼吸では、上体に緊張を招いて喉を締めつけ、乱れのないスムーズな発声を妨げられるからです。

腹式呼吸では、胸があまり動かないので、換気量が小さいと思われていますが、肺の下の横隔膜が押し下げられるので、肺の奥まで空気が届けられます。一般に一回の呼吸での換気量は、腹式呼吸では胸式呼吸の二～三倍といわれているようです。

無意識な呼吸は、おおむねが胸式となり、浅い呼吸になります。これを腹式呼吸に改めていくようにしましょう。礼法の稽古では、ふだんは気にかけることのない呼吸に、意識を傾けることからはじめます。

なぜ動作に呼吸を合わせてはいけないか

礼法の呼吸法では、息を止めることはしません。

呼吸を止めた状態は「死気体」となってしまうからです。前述しましたが、死気体とは、「心に覚えずに軽率に見たり、聞いたり、手足を使うこと」。すなわち、無意識のままに行動することを言います。

無意識のままの行動は、端的に言えば体も心も無防備な状態にあるということです。

そして、無意識でいることは、体をコントロールできていない状態でもあります。

人間の脳は、五感の情報を受けて体に「こう動きなさい」と指令を送ります。しかし、脳は頭がい骨の中に閉じ込められており、脳自体が目、耳、鼻などの感覚器官を備えているわけではありません。つまり、脳は感覚器官からの情報だのみで働いているわけです。

一般には脳が体をコントロールしているように思われています。しかし、このことから最近の脳科学では、体が脳をコントロールしていると考えられるようになってきていります。そのため感覚器官からの情報と、脳の意識の間に不一致があると、脳が誤った指令を出してしまうことがあります。「脳の誤作動」といわれるものです。

五感からの情報と脳の意識とが合致していれば、脳は誤作動をしないのですから、意識することを優先すれば、体を的確に動かすことができます。そして、誤った反応を引き起こしにくくなるということです。

もうおわかりだと思います。礼法で、呼吸に動作を合わせることを原理としているのは、これと同じ理由です。

思わず息を止めてしまう場面を想像してみましょう。

ハッと驚いて持っている物を落としたときや、何かにつまずいたときなど、人はつい息を止めてしまいます。その瞬間に体が固まり、何の反応もできなくなります。乗り物であれば、操作不能に陥った状態で、大きな事故につながる危険があります。礼法では、一瞬たりともそのような状態に陥らないよう、呼吸と動作を滑らかに連続させることを求めているのです。意識的に行うのはそのためです。

息を合わせれば、心も響き合う

「気が合う」「息が合う」という言葉があるように、自分の呼吸を意識するばかりではなく、相手の呼吸を意識することも礼法の心得です。とくに人と出会ってあいさつを交わすときなどは、この呼吸を合わせるということがとても大切です。

あいさつは、人が生まれて最初に教えられる礼儀作法ではないでしょうか。「おはようございます」「こんにちは」「ごきげんよう」「さようなら」「こんばんは」「おやすみなさい」など、私たちは多様なあいさつの言葉を持ち、日常生活のなかで使いこなしています。あるいは、出会ったときに会釈を交わすなど、言葉によらないあいさつもあります。

人が出会った際に、短い言葉や動作で、互いに相手を敬い、祝福する気持ちを表す。それがあいさつです。人と人が接するときに、その場を和やかにし、次に続く会話や行動が円滑に進むようにするのがあいさつの働きです。対人関係を平穏に保つために人間が身につけ、培ってきた知恵と言えるでしょう。

ですから、心のこもらない形ばかりのあいさつほど、見苦しく失礼なものはありません。目上の人に対して、片手を挙げて「やあ」とあいさつすれば、相手は強い不快感を覚えるでしょう。会釈も、ペコリと首だけを折り曲げるようなかたちでは「軽んじられている」と相手は思うでしょう。すなわち、あいさつの言葉遣いや動作は、出会う人や場面にふさわしいものでなければ、相手に対する敬意も信頼感も伝わらないのです。

小笠原流礼法の心得として重視されているのが、この「相手と気持ちを通わせる」こと。さらには「相手と心が響き合う」ことです。これは、礼法におけるすべての所作の底流をなしています。

呼吸の仕方に注意を払い、その基本を知れば、相手と「心が響き合う」、心のこもったあいさつができるようになります。

真心が伝わるお辞儀「礼三息」

日頃のあいさつでするお辞儀。皆さんはどのようにしているでしょう。

マナーとして教えられているお辞儀は、一般に次のようなものではないでしょうか。

お辞儀は上体を腰から曲げて前に傾ける。傾ける角度は、会釈は一五度程度、ふつうの敬礼は三〇度程度、最敬礼は四五度程度。体を倒したら、それぞれの礼に応じて一定時間静止する。

礼法では、お辞儀の仕方について、このように体を何度倒すとか、何秒静止するといった教え方は一切しません。なぜならそれは、合理的な体の使い方をするという「身体作法」から外れているからです。前述のようなマニュアル的なお辞儀は「型にはまった」ものでしかなく、真心が伝わるようなものではありません。

礼法のお辞儀で、まず習うのが呼吸です。

「礼三息」と言い、当然ながらお辞儀でも呼吸に動作を合わせます（六九ページイラスト参照）。

一息　吸う息で上体を傾ける。
二息　吐く息の間は傾けたままとどまる。
三息　吸う息で上体を起こす。

ゆっくりとした呼吸と動作でこれを行います。

人間の呼吸は一定していますから、呼吸に合わせれば、体を屈する角度に関係なく、自然で落ち着きのある美しいお辞儀になります。

しかし、礼三息で大切なのは、ただ自分の呼吸に合わせてお辞儀をすることではありません。本当の目的は、相手の呼吸に合わせたお辞儀ができることです。

ご存じでしょうが、相手が上の立場の人と下の立場の人とでは、お辞儀の深さが違います。来客や上司など、上の立場の人に対しては深く、下の立場の人には浅くお辞儀をします。お辞儀の深さが敬意の表れです。

ちなみに、あいさつでお辞儀をするときに、自分が体を起こしたら、相手がまだお辞儀のままなので、あわててまたお辞儀をしたという経験はありませんか？

これは相手とお辞儀の深さが違ったときによく起こるのですが、相手と呼吸を合わせれ

お辞儀は呼吸に合わせて

正しい姿勢から、上体を腰から真っすぐ倒し、そのまま自然なかたちで手を前に出す。男女とも手は前で組まない。首だけが前に出ないよう注意。指先が少し前に出るのが浅い礼、指先が太腿の中あたりまでいくのが普通の礼（中央）、指先が膝頭までつくと深い礼（左）。自然に息を吸いながらお辞儀をし、吐いている間はとどまり、再び吸いながら起き上がる。

ばこのような恥ずかしい思いをすることはありません。「体を何度に曲げて、何秒停止」という型にはまってお辞儀をしていると、得してこれが起こりがちです。

礼三息は、習いはじめでは、自分の呼吸に合わせてお辞儀をするのが精いっぱいですが、だんだん慣れてくると相手の呼吸に合わせられるようになっていきます。

「気が合う」「息が合う」という言葉のとおり、相手の呼吸に合わせることにより、ほんのわずかな時間のあいさつでも気持ちが通じ、心を響き合わせることができるのです。

自然な呼吸でよどみなく動ける

柔道や剣道などの武道には形稽古というものがあります。形稽古は、基本的な技や体構え、動作の連続性を習得するための訓練です。その演技はきびきびとしながらも、動きによどみなく、見る者を感動させるところすらあります。

そのよどみない動きを生み出す根本が呼吸です。

弓道の場合も、止むことのない連続した呼吸に合わせて一連の動作を行います。

矢をつがえた弓を持ち上げる「打ち起こし」では、ゆっくりと息を吸いはじめながら弓を起こしていきます。「引き分け」では、細く長く息を吐きながら、ゆっくりと弓を引き分けていきます。このとき、腕、肩、首によけいな力が入って、上体がうわずらないように、気は下腹に集めて力をとどめます。呼吸法は平常時のそれと変わることなく、矢を放つ一瞬でさえ、息を止めません。

少し横道にそれますが、和弓と洋弓の引き方で大きな違いは、洋弓では弦を顔の前までしか引かないのに対し、和弓では弦を頭の後ろの位置まで引きます。弓の張力は、洋弓のほうが圧倒的に強いのですが、和弓でも、弓道の心得のない人が「えいやっ！」と引っ張っても、とても引き分けられるものではありません。

また、弓を引くときの体の使い方と力のかけ方は、無限の円と直線によって構成されています。このことから、洋弓を道具の力で矢を射る弓とすれば、和弓は体を使って矢を射る弓と言うことができます。その「体で引く」を可能にしているのが、呼吸にともなわれた無駄のない体の構えと動作です。

すなわち、呼吸に動作を合わせることを基本とすれば、かつての武士がそうであったように、常によどみなくかつバランスのとれた動きができるようになるのです。

正しい息で階段も平地のごとく上れる

階段を上るとすぐに息があがってしまう。

そういう方が、案外多いのではないでしょうか。一つには、先に述べたように、現代人の呼吸が浅くなっていることが原因としてあると思います。ふだんから呼吸が浅いと、慢性的な酸素不足にあるわけですから、階段を上る運動量に体がついていけなくなります。

次に、姿勢や歩き方が悪いというのもあるでしょう。姿勢が悪いと体がゆれるなどしてよけいな力がかかる、つまりよけいな力を使うことになりますし、歩き方が悪いと疲れが早く出たり、ふくらはぎが張るなど筋肉が音をあげてしまいます。

また、筋力不足もあると思います。階段を上るとき、膝にかかる負荷は体重の四倍、あるいは六倍ともいわれます。階段は下るほうが楽そうですが、膝にかかる負荷は上るときより大きくなります。

ここでも、呼吸に動作を合わせるようにしてみましょう。

吐く息と吸う息で、一吐一段、一吸一段と意識して、呼吸の一定したリズムで上ると楽になります。このときには、腿を持ち上げるようにして上ることが大切です。膝から下をふり上げて階段の踏み面に足を乗せるような上り方をすると、体が前後にゆれてしまい、体力を浪費します。

また、歩幅が一定になるようにすることも大切です。階段の蹴上げが高くて勾配が急なとき、逆に踏み面が長くてふだんの歩幅に合わないときは、片足を一段乗せたら、後ろの足をそこにそろえ、次の一段に進むようにします。無理をして片足一段ずつで上ろうとすると、歩幅が一定せず、バランスを崩すことになります。

階段を下るときも、同じ点に留意しましょう。階段の上り下りで、段を踏み外したり、つまずいて転ぶのは、歩幅が一定していないときに起こりがちです。

呼吸に動作を合わせ、腿を持ち上げるようにする。これは坂道でも同じです。

いざという場面では、勢いをつけて吸う

息を吸うとはどういうことかを、少し考えてみましょう。

一定の呼吸に合わせて動作を行うのが基本ですが、吸う息と吐く息の長さや勢いを変える場合もあります。

たとえば、重い物を一気に持ち上げるときのように、瞬時に力を発揮しなければならない場合、あるいは姿勢の変化をともなう急激な動きをしなければならないような場合です。このようなときは、勢いをつけて息を吸います。ただし、吐く息はできるだけゆっくりと吐くようにします。

人間は、息を吸うときには力が出ず、息を吐く間だけ有効に力を使うことができます。先に紹介した弓の引き方でも、力を使う引き分けでは細く長く息を吐いていきます。剣道や柔道では、技を仕掛ける直前に短く勢いをつけて息を吸い、息を吐く瞬間に力を込めます。短く勢いをつけて息を吸うのは、次の動作に必要かつ十分な空気を、体に確保するためです。

体の運動量が大きくなれば、呼吸は速くなります。マラソンのように運動量の変化があまりない競技では、呼吸は速まっても、一定の呼吸を保つほうが持久力を得られます。しかし、剣道や柔道のように運動量の増減が激しく、瞬発力が求められる競技ではその都度、有効な力を発揮するための準備が必要になります。それが吸う息です。

つまり、息を吸うとはどういうことかというと、次の動作に移るための備えなのです。これもやはり、意識して呼吸を行わなければならない理由です。

仕事でも、次にやることを考えられる人と、それが考えられずに目の前のことにばかり集中している人では、業務をこなす円滑さや効率が違ってきます。それと似たようなものです。吸う息は次の動作を予見して行うことが大切なのです。

息を整えれば、ゆれる心も即座に静まる

呼吸とはおもしろいものです。

「息」という語を含む慣用句を眺めても、「息が詰まる」「息を殺す」「息を呑む」といった緊張状態を表すものがあるかと思うと、まったく逆の弛緩状態を表す「息をつく」「息を入れる」「息を抜く」といったものもあります。呼吸のありようで、人の心理はどちらにも転ぶ。心は呼吸に表れ、呼吸は心に影響するということなのでしょう。

「ため息一つで寿命が三年縮まる」とか「ため息をつくと幸せが逃げる」といった俗諺(ぞくげん)も

あるようです。

心に不安やおそれ、迷い、精神的な疲労があると、呼吸は浅くなり、乱れやすくなります。ため息も、精神的なストレスで呼吸が浅くなったとき、酸素を多くとり込もうとする体の反応だといわれています。

不安やおそれ、迷い、そこからくる心の動揺は、人間にとってあまり好ましいものとは言えません。判断を鈍らせ、失敗を招くことが多いからです。会社の会議でプレゼンテーターを務めるときなど、緊張して思いどおりにならなかった経験が、誰でも一度はあると思います。その緊張が、不安やおそれ、迷いなどからくる動揺です。「落ち着け、落ち着け」と言い聞かせても、なかなか平静な気持ちにはなりません。

そのようなときには深呼吸をするとよいといわれますが、ゆっくりと深い礼法の呼吸をぜひ試してください。

深呼吸も胸式呼吸では、一時的に運動機能を高めるにはよいのですが、気持ちを静める方向にはあまり作用しません。腹式呼吸ならば、気持ちを落ち着かせ動揺を静めることができます。さらに言えば、ふだんからゆっくりと深い呼吸ができている人ならば、心に動揺を感じたときに、すぐにそれに対処できるということでもあります。

また、喜びやときめきで心が興奮しているときも、深呼吸が必要かもしれません。実は不安からくる動揺とは一見逆の興奮も、心理的な作用としては同じなのです。たとえば、有名な心理学の実験に「吊り橋効果」というものがあります。「吊り橋の上でのプロポーズは成功率が高い」というのです。高所にいる恐怖と不安からくる心のざわつきを、告白されたほうは相手に対するときめきと勘違いしてしまうからだそうです。

人は、感情に流されやすいものです。集団のなかにいれば、まわりの雰囲気に呑まれ、本意でもないのに同調してしまうこともよくあります。判断を鈍らせず、落ち着いて的確な行動がとれるようになるには、姿勢を正し、意識して正しい呼吸をすることからはじめるのが、一番の近道だと思います。

第四章

歩く

美しい歩みで体が軽くなる

歩くとは「後ろの足を前に出す」こと

「歩くとは、後ろの足を前に出すことです」

礼法の講座などでそう説明すると、初めての方は怪訝な顔をされます。「当たり前でしょう。皆さんそうしていますよ」と言いたげです。

ところが、違うのです。ほとんどの方は、後ろの足を引きずって前へ踏み出すような歩き方をしています。これは後述するように、体のバランスを崩しがちで、好ましい歩き方とは言えません。

肩をゆすったり、腰をふるような歩き方をする人も少なくありませんが、これはそもそも足の踏み方が悪いために起こります。つま先を開いて歩く人は、現代人に多いO脚になりやすく、逆に「ハ」の字形につま先を閉じて、かかとが開いている歩き方は、X脚の原因になります。長い時間は歩けない、足が痛くなったり、すぐに疲れてしまう、よく転んだり、つまずいたりするというのも、歩き方に問題がある場合が多いのです。

さて「後ろの足を前に出す」とは、どのような歩き方なのでしょう。美しく、体力の消耗が少なく、健康維持にもよい歩き方をご紹介しましょう。

体がゆれる歩き方は膝や腰を痛める

街ゆく人を見ていると、体が前後にふれたり、左右にゆらして歩いている人をよく見かけます。

体が前後にふれるのは、踏み出した足に体重を乗せ、後ろの足を体に引き寄せるようにして前に踏み出すという動作を繰り返す歩き方だからです。この歩き方では、踏み出した足に重心をかけ替えながら前進することになるので、姿勢が安定せず、体が前後にふれてしまいます。現代人の多くがこのような歩き方をしており、後ろの足を引きずるような格好になっています。

体が左右にゆれる歩き方は、先に触れた「ゴリラ歩き」に顕著です。首を前に突き出し、前かがみの姿勢だと肩が前に出ますから、腕も前にきて自然に横にふれてしまいます。これにつれて体も左右にゆすられ、さながらゴリラのような不格好な歩き方になるのです。

以前は、若い人によく見られたのですが、近ごろは四〇代や五〇代の人にも多く見られる歩き方です。やはりパソコンの普及が影響しているように思われます。仕事で長時間パソコンを操作していると、それがクセになり、歩くときも顔を突き出して前かがみの姿勢になってしまうのでしょう。頭を立てて、肩の力を抜き、鎖骨を少し開くようにするだけでも、姿勢が真っすぐになり、不格好な歩き方が一変するのですが、悪い姿勢がクセになるとなかなか抜けきれないものです。

体がふれたり、前かがみの歩き方は、無駄な動きが多いわけですから疲れやすく、ただふつうに歩いているつもりでも、膝や腰によけいな負担がかかってしまいます。

たとえば、ヒールの高い靴を履く女性の場合、膝が曲がり、腰が後ろに引けた姿勢の歩き方になります。脊椎の自然な形が崩れた状態で歩くのですから、とくに膝に負担がかかります。

姿勢の悪い歩き方、体が前後左右にぶれるような歩き方を長年続けていると、何らかのかたちで体に支障が出てきます。若い世代に腰痛や関節痛に悩む人が増えているのは、歩き方にも一因があるように思われます。

腿で歩けば体はぶれない

礼法の「歩く」原理は、いたってシンプルです。

体の重心を両足の中心に置き、後ろの足を前に進める。

それだけです。ですから、前の足に体重をかけて、後ろの足を引き寄せて前に進めるという、今日一般的な歩き方は、本来とは違う動きなのです。とはいえ、これはやってみると、なかなか難しい動作です。足先をふり上げて前に運ぶのではなく「腿で歩く」という感覚をつかまないとできません。

では、重心を真ん中にして足を前に進めるコツをお教えしましょう。礼法の稽古ではいつも最初にやる基礎練習です。家に和室があれば畳の上で靴下を履いて、和室がなくフローリングの床の上ならば、両足の下に一枚ずつ、雑巾などを敷いて試してみましょう。

まず、一本の線をはさんで、両足を左右平行に踏んで立ちます。そして、次ページの二つの動作を行います。

太腿を鍛える基礎練習

一、横に開いた両足を真ん中に寄せる。
両足を、肩幅より少し広いくらいの幅で左右に広げます。
重心は体の真ん中に置きます。
両方の足を、同時に均等な力をかけて、ゆっくりと真ん中に寄せます。
このとき、膝は使いません。内腿を締めて両足を引き寄せます。
さらに閉じた両足を、これも膝を使わず内腿を意識して、元の位置に広げます。
これが腿で歩く基本の感覚です。何度か繰り返して感覚を覚えてください。

二、前後に開いた両足を真ん中に寄せる。
今度は、足を前後に広げます。ふだんの歩幅程度でけっこうです。
重心は、前後の脚の真ん中に置きます。
一と同じ要領で、内腿を意識しながら両足を引き寄せ、再び開きます。
これを何度か繰り返してみてください。前後に足を進めて歩くときの腿の使い方です。

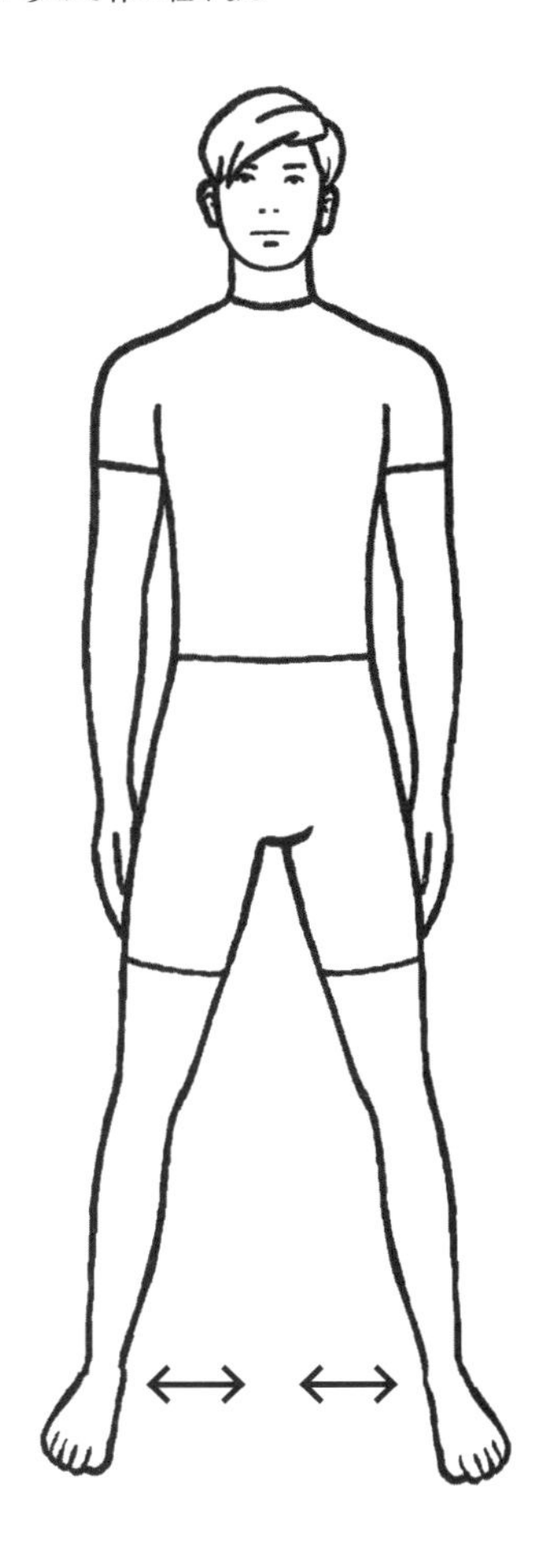

太腿を鍛える基礎練習

重心を体の真ん中に置いて足を肩幅より少し広めに開いて立ち、膝を使わず、両足を腿に同時に均等な力をかけてゆっくり真ん中に寄せる。さらに同じ要領で元の位置に広げる。また同じく歩幅程度に前後に広げた足を寄せたり開いたりする。これらを何度も繰り返すうちに、太腿の筋肉が発達し、美しく歩く基礎ができてくる。

しかし、前後の足を引き寄せるだけでは前に進みませんから、この感覚をつかんだら、前後に開いた後ろの足を、重心位置を中心に保ったまま前に出します。これができれば、体が前後左右にぶれることなく真っすぐに歩けます。

おそらく「後ろの足を前に出す」は、すぐにはできないでしょう。それでもかまいません。うまくできなければ、どうすれば後ろの足を前に出せるかを考えながら試みてください。それが「意識して体を使う」ことにもつながります。

一本の線をはさみ、足は平行に踏む

礼法では、歩き方の基本を畳の上で身につけます。靴を履いて戸外を歩くのは、いわばその応用です。

畳の上での美しい歩き方は、両足の間の重心位置から、前方に伸ばした一本の線をはさみ、静かに足を踏み出していくイメージです。このとき大切なのは、立つ姿勢と同様に両足を平行に踏んで歩を進めることです（次ページイラスト参照）。

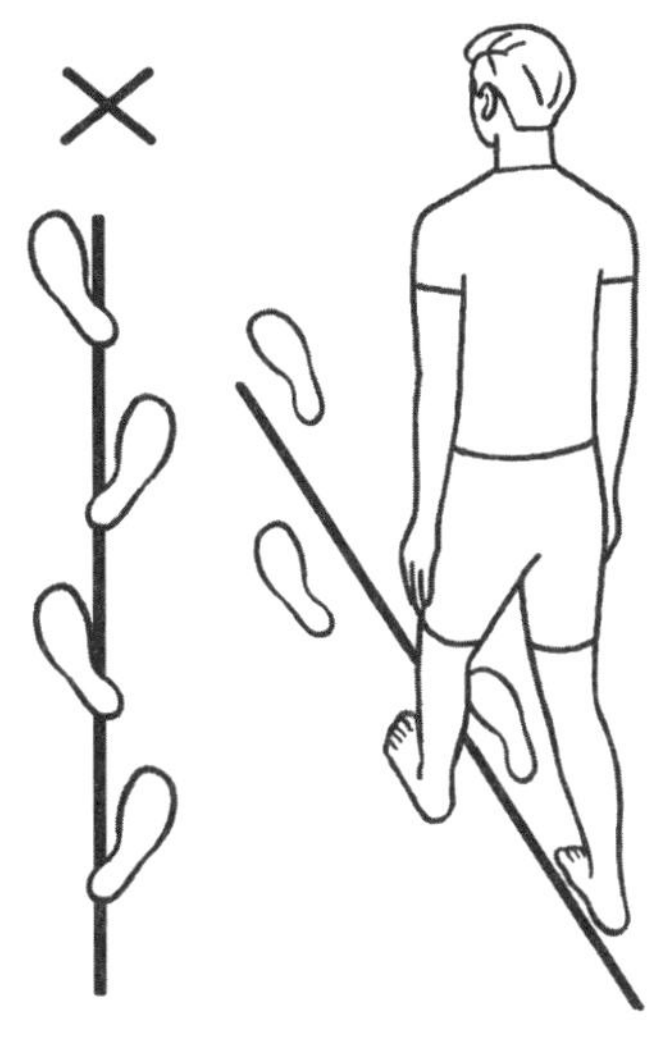

一本の線を踏まずに歩く

足は平行に動かし、一本の線をはさむように、左右同じ歩幅で前に進む。膝ではなく腰から動き、「太腿で歩く」イメージで。

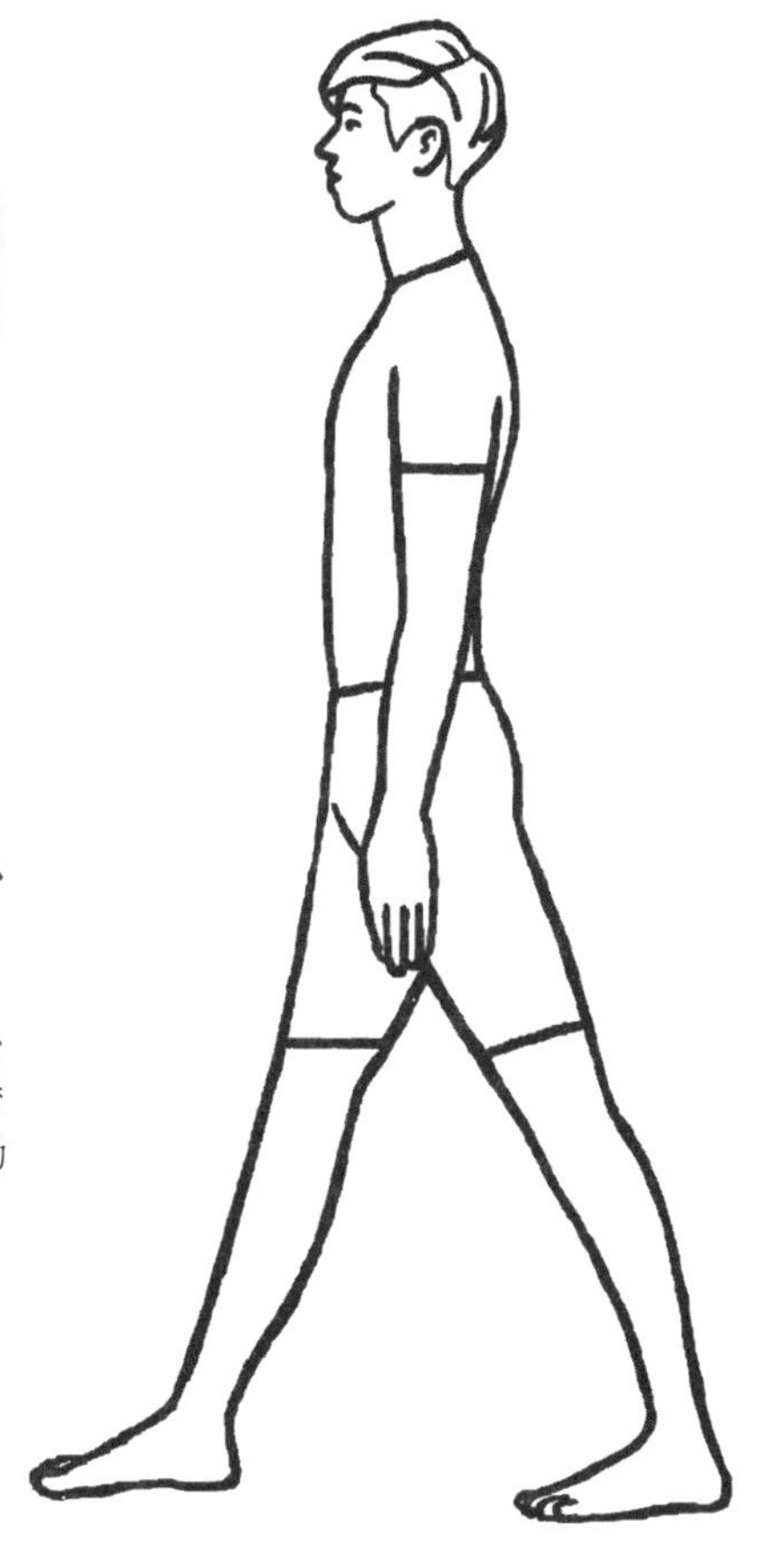

内股～体幹の筋肉で後ろの足を前へ動かし、もう一方の足を平行に、同じように前に出す。後ろ足のかかとを上げないように、重心は足と足の間から動かないように。

つま先が開いていると、かかとに重心がかかり、体が反りかえったり、動きだしのスムーズさを欠くことはすでに述べました。そのままつま先開きで歩くと、腰をゆする歩き方になります。また、一本の線を踏んで歩くと、お尻をふる歩き方になります。いわゆる「モデル歩き」ですが、これは疲れやすく、長くは歩けません。

片方の足は線に沿っていても、もう一方の足が開いていると、開いたほうの足を外にふり回すかたちになるので、肩をゆする歩き方になります。このように、左右アンバランスな足の踏み方で歩いている人も少なくありません。

そもそもつま先が開いて、かかと側に重心が寄った歩き方は、ドタバタとして足音が高い、騒がしい歩みになりがちです。つま先が開くということは、膝も外に開く「外股」ですから、それが恒常化すれば「ガニ股」、いわゆるO脚になってしまいます。

つま先開きで歩く人が多いからでしょう。最近は、女性でもほとんどの人が外股で歩いています。電車でシートに腰かけたときに、油断をすると膝が開いてしまうというのも、このせいです。正しい姿勢で、一本の線に沿って、平行に足を運ぶという歩き方を心がければ、ドタバタした歩き方にならず、外股のクセも直っていきます。

和服を着ていても内股では歩かない

最近は、和服を着た女性でも外股で歩く人が多く、ヨタヨタ歩くペンギンを連想させるところがあります。では、和服のときは内股がよいかというと、それも好ましくありません。かかとが開いた「内股」は、X脚の原因にもなりますが、重心が前寄りになるので、膝を曲げた歩き方になり、関節に負担がかかるのです。

余談になりますが、かつて内股は女らしい歩き方のように思われていました。けれどもそれは誤解で、内股は実のところ、礼法で最も嫌う歩き方です。では、なぜ内股が女らしい歩き方と思われるようになったのでしょう。

明治初期に三業地から、女性の間で羽織が流行しました。女性が羽織を着たときの男装が粋に見えたからで、「羽織芸者」などと呼ばれました。この羽織芸者は「内股で歩くのが粋に見える」というので、わざわざ内股で歩くクセをつけました。また明治以降、着物の帯を胸高にきつく締めることも流行しましたが、このような帯の締め方をすると必然的に内股になりやすいのです。

つまり、内股で歩くのが女らしいというのは、さほどの根拠もなく、近代以降につくられたイメージにすぎません。和服でも、姿勢正しく、線に平行に足を運ぶのが基本です。それで着物の裾が乱れるということもありません。

さらに言うまでもなく、一本の線をはさんで足を平行に出す歩き方をすれば、O脚と同様、X脚も矯正することができます。

後ろ足のかかとを上げないように注意

正しい歩行では、後ろの足のかかとを上げないようにすることも大切です。

後ろの足を引きずるように前に出す人には、かかとが上がって後ろの足で地面をけるような歩き方も多く見られます。これも前の足に重心がかかり過ぎていることに起因します。雨の日にはきまって、泥跳ねでズボンやスカートを汚してしまうという人は、前重心で膝が曲がり、後ろの足のかかとを跳ね上げる歩き方になっているのです。

正しい歩行では、後ろの足が主役となります。

足のはこびに応じて、重心を前に移してくるようにすると、バランスよく美しく歩けます。稽古では、これを「後ろの足のかかとを地につけ、前の足に重心を乗せるように」と指導します。先に述べた「前の足に重心をかけるな」という説明と矛盾するようですが、意味するところは同じです。

試してみてください。前後に足を開き、体の中心に重心を置き、後ろの足のかかとは床からなるべく離れないようにし、腿の力を使って、後ろの足を滑らすように前に運ぶと、後ろの足の動きと呼応して、重心がスムーズに前の足に移る感覚がわかると思います。

吐く息で一歩、吸う息で一歩

呼吸に動作を合わせることとは、呼吸の章で述べました。

歩くときも呼吸に合わせることが大切です。礼法では「一呼一足一吸一足」、すなわち吐く息で一歩、吸う息で一歩が基本となっています。

ただし、歩くといっても、そこが畳の間か板の間か、屋内か屋外かで、おのずと歩く速さも歩き方も違ってきます。礼法では「一呼一足一吸一足」を基本とし、その応用で「時・所・相手」に合わせた歩き方があります。

たとえば「練る足」は、足幅を広くして、深く細く長い吸う息に合わせた歩き方です。一息吸いながら一歩進み、一息吐く間は停止し、次にまた大きく一息吸う間に一歩進むという、きわめてゆっくりとした歩みです。現在、この歩き方が使われることはありませんが、江戸時代に殿中で行われていたものです。

このほか「はこぶ足」「あゆむ足」「すすむ足」「わしる足」「寄せ足」「送り足」などがあります。

室内で基本となっている「一呼一足一吸一足」の歩き方は「あゆむ足」です。畳二枚分、二間（約三六〇センチ）を男子は七歩、女子は九歩で歩くようにします。この歩数は、日本人の体格が小さかった時代のものですから、当然ながら現在では体格に合わせて調整していますが、呼吸に合わせた自分の歩幅を知るときの目安になります。一定の呼吸、一定の歩幅、途中で息を止めることなく、足を滑らすような感覚のすり足で歩くのが、室内での基本です。

こうすることで、歩く姿はゆったりとして落ち着きがあり、動きにもよどみがなく、優雅さを備えたものになっていきます。

戸外では人の流れに合わせることも

戸外を歩くときも基本は「一呼一足一吸一足」で、室内と変わりません。

ただ、この「あゆむ足」はゆっくりとした歩き方なので、東京のような都会の生活リズムと合わないところがあろうと思います。とくに通勤通学の人々が大量に行き交う駅などは速足で歩く人が多く、室内での動作に適したゆっくりとした歩き方では、人の流れを阻害してしまいます。また、まわりの人の歩く速さに合わせようとすれば、結果として動作に呼吸を合わせるかたちになり、呼吸が速く、せわしなくなったりもします。

礼法には「あゆむ足」より、いくぶん速い歩き方の「すすむ足」があります。「すすむ足」は「一呼二足一吸二足」、すなわち一息で二歩進む歩き方です。

都会の生活リズムに合わせ、戸外で速く歩かなければならないときには、こちらの歩き方のほうが適するかと思います。場所と場面によって「一呼一足一吸一足」と「一呼二足

「一吸二足」を使い分けるようにしてください。

また、戸外にはさまざまな段差がありますから、室内のようにすり足とはいきません。後ろの足のかかとを持ち上げて歩かなければならないわけですが、このときも室内での歩き方と同じく「かかとを地につける」を意識して、膝下ではなく、腿を使って歩を進めることが大切です。

手の小指にも意識を働かせて颯爽と

少々細かくなりますが、歩くときのその他の留意点をあげておきます。

立つ姿勢でも歩く姿勢でも、視線は四メートルほど先の地面に落とすようにします。人間は広い視野を持っています。一般に、左右が約二〇〇度、上下が約一二五度といわれますが、はっきりとものを見極められる範囲は左右三〇度、上下二〇度程度にすぎないそうです。視野の外側は、ぼんやりとしか見えていません。ですから、視線を水平にすると、足元から目が離れ、注意がおろそかになります。四メートルほど先に視線を落とすようにすると、足元から遠方にいたる範囲に注意を払える視界を確保できます。

頭を真っすぐに据えて顎を少し引く、礼法でいうところの正しい姿勢をとると、おのずと視線は、そのような位置に収まるはずです。

両腕は自然に垂らし、力を抜いて前後にふりますが、このときに両手の小指に意識を向けてください。小指を意識的に軽く伸ばすようにすると、全身のバランスがとれて、歩く姿勢も整ってきます。歩くのに、足ではなく手に気を配るというのは意外に思われるかもしれません。しかし、体の末梢部分に気を配ることは、全体のバランスを保つことと深いつながりがあります。

「小指が伸びているか」と意識すれば、腕のふりもきれいな颯爽とした歩き方になります。また、自分の利き足を知っておくこともよいと思います。

ご存じでしょうが、足にも右利きと左利きがあります。手はほとんどの人が右利きですが、足はほとんどの人が左利きです。そして、歩くときには、利き足の反対の足をひきずりがちになります。

自分の利き足を知るには、両方の足で片足立ちをしてみます。上体がよろけにくいほうが利き足だと思っていいでしょう。エスカレーターに乗るときなど、無意識に踏みだしているほうが利き足だともいわれます。

武士の歩行術に倣えば隙がなくなる

体がぶれず、無駄のない歩き方を骨格の動きから見てみましょう。

人間の体は、骨格を軸とし、その動きにともなって筋肉が働きます。立つ姿勢でも、歩く姿勢でも、重心線が体の中央を通り、その中心は下腹部、すなわち骨盤の位置にあるのです。

歩くとは、この骨盤を前に移動させる動作です。

片方の足で上体を支えている間に、骨盤を進行方向に押して体のバランスを失わせ、体が倒れる前にもう一方の足を進めて体のバランスを保つ、この動作を一歩ごとに繰り返すのが歩行です。左右の足の動作は、正しく同一であることが求められます。

歩行中、上体が前に押し出されたときの骨盤の動きは、左足を踏み出したとすると、同時に骨盤の左側が前に動き、右足がつながる骨盤の右側はあとに残されます。そのため、両足が交互に前に出れば、それにつれて骨盤も左右交互に前にふれ、歩く間は腰の左右の回転運動が繰り返されることになります。

また上体は、両足が着地したときにはいくらか低く、片足を浮かせて前に運んでいる間はいくぶん高くなり、これによって骨盤は上下運動を繰り返します。つまり、歩行中の骨盤は、上下左右にゆられ続けているわけです。

そして、上体はこの骨盤の動きと調和しようと、肩関節を支点として、前後に下肢と交差する動きを起こします。つまり、足とは反対方向に腕がふれるのですが、これにより骨盤の回転運動を最小限にとどめることができ、左右のバランスが保たれるのです。

説明が少し複雑になりましたが、要は正しい歩き方は、骨盤の上下左右の回転運動を最小限に抑えた動作だということです。

現代では、足を引きずる、体が前後左右にゆれる、なかには飛び跳ねるような歩き方をする人も見かけます。いずれも、骨盤の運動量が大きい、無駄をともなった歩き方です。

かつて武士は、そういう歩き方をけっしてしませんでした。

なぜならば、武士は腰に刀を帯び、危険に対して即応できる体勢を常としたからです。

重い刀を腰に差して、上下左右運動の大きい歩き方をすれば、刀が暴れてまともには歩けないでしょう。危険に即時に対応することもままならなくなります。

体の重心を腰に置く、腿で歩く、呼吸に動作を合わせるといった歩き方は、その必要から練り上げられた「実用・省略・美」であるがゆえに、今日の目で見ても実に合理的なものになっているのです。

なぜ歩くだけで体は軽く、楽になるのか

冒頭に紹介した左右、あるいは前後に開いた足を寄せる基礎練習ですが、初めての方はなかなかうまくできません。ふだん、内腿をあまり使わないからでしょう。力の入れ方がつかめず、よろめいたりします。そして、五分も続けると汗だくになります。

さらに歩くとなると、礼法の稽古はゆっくりとした動作で行うのですが、それでも汗をかく人が大勢います。

歩くとは、実は全身運動なのです。

当初は大汗をかいていた方も、稽古を積むにつれ、基礎練習も歩行も平然と行えるよう

になります。動作に必要な筋肉が鍛えられ、体幹が整ってくるからです。

年配者に膝のゆるみを訴える人が増えています。膝がゆるむとは、立つ、座る、歩くなどの動作をしたとき、膝関節のずれが大きくなることを言います。

痛みをともない、変形性膝関節症と診断されることが多い症状です。姿勢や歩き方が悪いせいで起こる体のゆがみや、筋力の衰えが主な原因とされています。年をとるにつれ、誰でも膝はゆるんでくるのですが、ゆるみが大きいと歩くことさえ困難になります。

多く見られる前の足に体重を乗せる歩き方は、楽なように感じられると思いますが、筋肉はあまり使わず、全身運動にはなりません。そのために起こる姿勢の崩れや体のゆがみは、思わぬところに悪影響をおよぼします。

これに対して、正しい歩き方は膝によけいな負担をかけることなく、姿勢の崩れや体のゆがみも引き起こしません。正しい姿勢、きちんと必要な筋肉を使う歩き方を身につけると、むしろそのほうが楽になります。実際に稽古を積まれた方には「体が軽くなった」「楽に動けるようになった」という声が多いのです。

歩くというふだんの行為それだけで、体を円滑に動かすのに重要な筋力が鍛えられ、健康の維持・増進が図られるということです。

また、正しい姿勢で正しく歩くと、バランスを乱されることが少なく、心身に一定の緊張が保たれますから、ものごとに反応して動くのも速やかになります。思いがけずにつまずく、よろける、転ぶなどということがほとんどなくなるはずです。雑踏のなかを歩いていて、人とぶつかることも少なくなっていくでしょう。

そして何よりも、正しい姿勢、正しい歩き方は、見る人に美しさや凛々しさを感じさせます。

意識して、正しい姿勢で足を平行に踏み出すことからはじめましょう。

第五章

座る

仕事に役立つ凛とした所作

水の中に沈むように、煙が立ちのぼるがごとく

正座は日本人の正式な座り方です。

そもそもは、事務的な仕事をする武士によって生み出された座り方です。それまでの座り方にくらべて正座のほうが、作業の効率を高められたからだと考えられています。

生活が洋風化して正座をする機会が少なくなり、正座は足がしびれるからいやだという人も多いのですが、法事や正式な和食のときなど座敷に座る機会がないわけではありません。足がしびれる理由は、座り方が悪いこと、太腿の筋肉が弱いことがあげられます。では、胡坐（あぐら）ならばしびれないかというとそうでもなく、総体として下肢が弱くなっている日本人は、胡坐でも足がしびれてしまう人が少なくないようです。

立つから座る、座るから立つ所作も、最近はずいぶんと乱暴になっています。一日に何分かは正座する時間をつくり、徐々に体を慣らしていきましょう。座る、立つも、正しい所作を覚えておきましょう。

座るときは「水の中に沈むように」、立つときは「一筋の煙が立ちのぼるがごとく」と

礼法では教えます。

考えるのに一番よい姿勢は正座

時代劇で武士が正座する姿を見たことがあると思います。将軍役や殿様役のベテラン俳優ともなると背筋が伸び、泰然としています。

諸説ありますが、正座の歴史はそう古いものではありません。

室町時代、事務的な仕事をする下級武士の間から、必要に応じて生まれた座り方だといわれています。それが上級武士にまで広がり、日本特有の正式な座り方、すなわち正座とされました。

それまで武士の正式な座り方は「幡足座（はんそくざ）」と呼ばれるものです（一〇五ページイラスト参照）。一方の足はかかとを股の中央につけ、もう一方をこれに添えるという座り方です。鎌倉時代の肖像画などを見ると、このような座り方をしています。今日、正座で行われる茶道も、かつては幡足座か胡坐だったようで、千利休の肖像画ではそのような座り方をしています。女性は、片膝を浮かせた姿勢で座るのが、正式な場での所作でした。

では江戸時代、事務方の武士たちが正座に認めたよさは何かというと、それは仕事のしやすさと作業効率でした。たとえば、胡坐で座卓に向かい、何か書きものでもしてみると、これがよくわかります。

胡坐は、両足の指先を膝の内側に置きます。背筋も腰も丸まってしまいます。事務方の武士は出仕するとほぼ一日中、書きものをするのですが、この姿勢では体のあちこちがこり、節々も痛み、長く作業に集中するのは難しかったでしょう。

正座は、ものを考えるのに最もよい姿勢だといわれています。

背筋が伸びた姿勢で、足の指先まで刺激される正座は、脳を活性化させ、記憶や作業の効率を上げる効果があるそうです。思考力をふり絞って闘う将棋や囲碁では、難局になると棋士が胡坐から正座に座り直す場面がしばしば見られます。そのほうが集中して手を考えられるからでしょう。

おそらく事務方の武士たちは、疲れにくく、集中力を持続でき、体に負担の少ない座り方、そして見苦しさを感じさせない姿勢として正座を選んだのだと思われます。これも礼法でいう「実用・省略・美」の所産と言えます。

足を崩すなら胡坐より「幡足座」

胡坐は猫背になりやすいため、畳の上で足を崩す場合は上記のような座り方で。一方の足のかかとを股の中央につけ、もう一方をこれに添える。足の裏をあえて上座に向けるのが武士の習い。弱点の部分を上座に向けることで他意のなさを表す。

畳の上にきちんと座れば足はしびれない

正座するとすぐに足がしびれる。三分ともたない。

そう言われる方が多いと思います。

生活が洋風化し、正座をする機会が少なくなったからだとよくいわれますが、畳や床に座るという習慣が日本人の生活から消えたわけではありません。和室に入ればどういう姿勢であれ、畳の上に座るのですし、ソファセットを備えたリビングにいながら、ついつい床に座ってしまうという方も意外と多いのではないでしょうか。

正座を長く続けられないのは、生活様式の変化にともない、日本人の体力・筋力が低下していることが理由として大きいと思います。

たとえば、ふだんの生活で蹲踞（そんきょ）の姿勢を見ることが、ほとんどなくなりました。

蹲踞とは、つま先立ちでしゃがむ姿勢です（一〇八ページイラスト参照）。相撲取りが土俵の上で、相手と対峙するときにとる姿勢といえば、おわかりかと思います。今は「しゃがむ」というと、たいていは足の裏全体を床につけ、尻を落とす姿勢をとります。しかし、かつては「しゃがむ」といえばつま先立ちの蹲踞が一般的でした。「かつて」といっても、そう昔の話ではありません。ほんの三〇年か四〇年ほど前までのことです。

足の裏をつけるしゃがむ姿勢は、背が丸まり、腕が膝を抱くようになり、窮屈で動きにくく、息苦しいものです。対して蹲踞は上体が直立し、手を自由に扱うことができ、呼吸を妨げることもありません。ただし、蹲踞の姿勢を保つには、腿の筋肉と体幹がしっかりしていないと困難です。

つまり、蹲踞から立つ、座るといった動作がよく用いられた生活では、自然とそれに見合う筋力が養われていたのです。正座についても同じで、長く続けられず、足がすぐしびれてしまうのは、座る姿勢が悪いせいもありますが、そもそもは腿の筋肉が弱く、体幹がしっかりしていないからです。

武士が長時間にわたり、正座で仕事をしていたことからもうかがえるように、本来、正座は体にとって楽な姿勢で、足のしびれにくい座り方なのです。

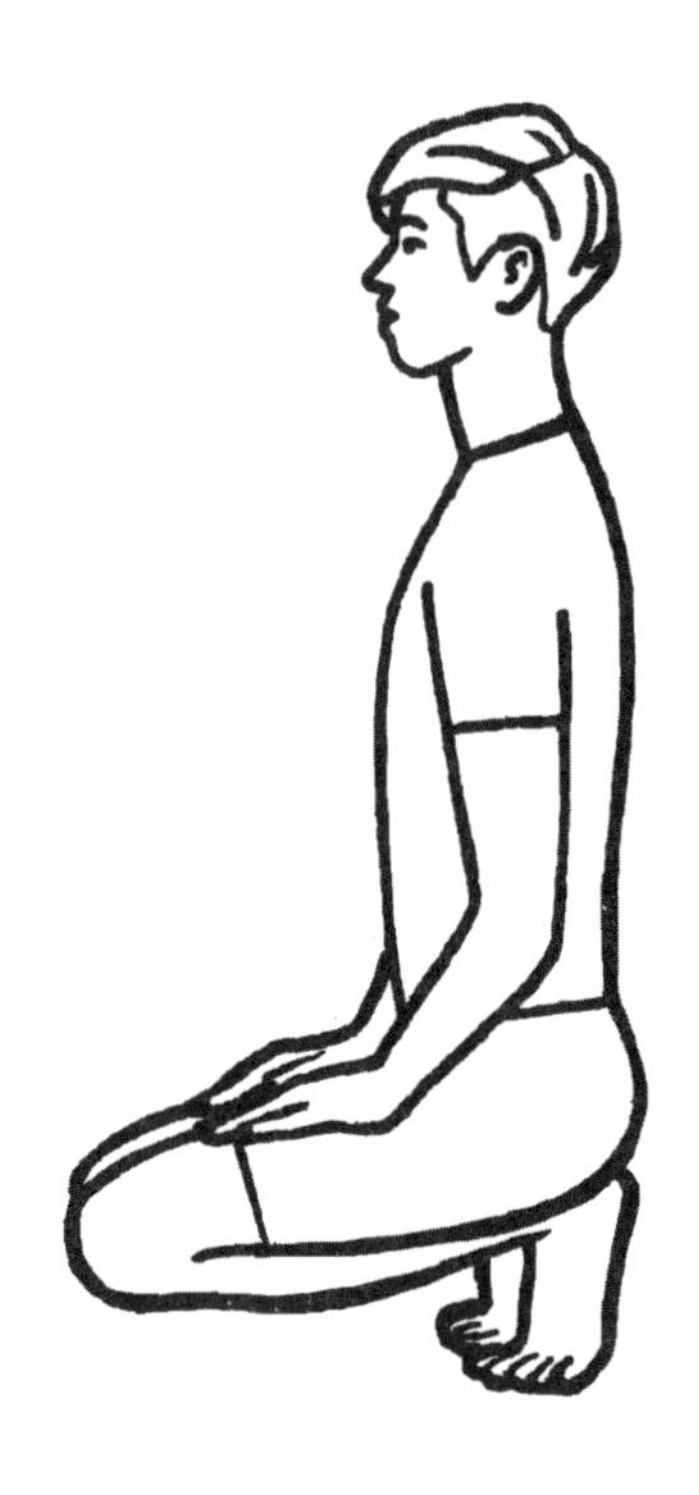

蹲踞の姿勢で足腰を鍛える

両足のかかととつま先をつけて、尻を乗せるのが理想。難しい場合はかかとのみつける。姿勢を正し、手は自然に腿の上に置いて、なるべく腿が短く見えるように座り、膝頭の位置はなるべく低く保つ。

正しい跪座(きざ)が身のこなしを優雅にする

立つ姿勢から正座するとき、皆さんはどのようにしているでしょう。見ていると、両足をそろえて立つ姿勢から、そのまま膝を曲げ、上体を沈めて座る人がいます。片膝をついてから、膝のほうの手を畳につき、傾く体を支えて正座する人もいます。女性では、横座りしてから、横にはみ出した両足を引き寄せて正座のかたちを整える人も見られます。

最初の両膝を同時に畳につく座り方は、一見自然なように見えますが、体がふらついて安定しません。前のめりになったり、かしいだりして、少しバランスを崩すと床に手をついてしまいます。婚礼や法事など、改まった席では恥ずかしい思いをすることでしょう。そのほかも、言うまでもなく誤った座り方。美しくないばかりか「私は無作法です」と、身をもって訴えているようなものです。

正座をするときのおおざっぱな流れは、男性は片足を半足引き、女性は片足を半足出してから、上体を真っすぐに沈め、膝がついたら跪座となり、その姿勢から片足ずつを寝かせて座るというものです。

詳細は次項で述べますが、立つから正座に移行する場合、逆に正座から立つ場合も、中間の跪座の姿勢が重要になります。

跪座とは、膝をついてつま先立った姿勢を言います。

座り方にもいろいろありますが、現在一般的な座位となっているのは跪座と正座です。

跪座は、そこからどのような動きにも移れる柔軟で躍動的な姿勢です。したがって礼法では、座位で動きをともなう所作は、まず跪座の姿勢をとります。正座で前へ進み出るときに、両手をついて膝を引きずる所作をよく目にしますが、礼法では、あたかも手を足の代わりに使う、そのような所作はしません。

跪座の姿勢では、次の二つが大切な要点です。
一、両足のかかとは、そろえてつける。
二、足先をかかとより内側に入れる。
跪座のとき、かかとを開いて、その上に尻を乗せている人がほとんどです。それでは重心が尻に落ち込んでしまい、腹筋もゆるみ、ペタッと座った状態と変わりません。速やかな動きができなくなります。

足先をかかとより内側に入れるのも、動きを速やかにするためです。

たいていの方は跪座のとき、足先がかかとより外に出ています。両方の座り方を試してみるとすぐにわかると思いますが、足首を鋭角に曲げ、足先をかかとの内側に入れると、そこがバネのように働き、いつでも即座に上体を持ち上げられる体勢になります。

立つから座る、座るから立つ所作では、跪座の二つの要点を押さえておいてください。

次に、立った姿勢から正座し、立ち上がるまでの一連の所作を見ていきましょう。

静かな湖に石が沈んでいくように座る

立った姿勢から正座する（一一四～一一五ページイラスト参照）

一、上座の足を半足引く（女性は下座の足を半足出す）。
足は平行に踏んだまま、真っすぐ後ろに半足分引きます。女性の場合は、真っすぐ前に半足出します。

このときに、体の支持足（動かさないほうの足）に体重をかけて足を引かないように注意します。重心が偏ると、着物の場合は裾前が開いてしまいます。

なお、原則として上座は左、下座は右ですが、これは上座から見た位置となります。したがって、上座に座す人に向き合うときは、右上座、左下座となります。上座の足を引く（または下座の足を出す）のは「上退下進」と言い「上座を受けて行動する」ためです。

二、ゆっくり息を吸い、上体を真っすぐに下ろしていく。
礼法では、この動作を「水の中に沈むように」と表現しています。

体を静かに沈めていき、膝の屈曲が大きくなると、腿は重みを感じて重心が崩れそうになるかもしれません。このとき、腿と尻の筋肉、腹筋で上体を支え、腰を中心に尻を締めるようにすると、体のバランスを保ちやすくなります。

後ろにある足（上座の足）のかかとに、尻がつくまで上体を下ろします。

三、膝が床についたら、後ろの膝を腰で押すようにして進め、跪座の姿勢をとる。
かかとが尻につき、膝が床につくと同時に、後ろの膝を腰で押すようにして両膝をそろえます。つま先を立てて両膝をついた跪座の姿勢となります。前項で述べた二つの要点に留意してください。

この間は、腿の付け根が常に膝より高い位置にあることが大切です。膝が腿の付け根より高い位置にあるとすれば、それは腰が後ろに落ちているということです。そうなると、着物の裾が割れたり、スカートがたくし上がったりします。

四、跪座の姿勢から、片足ずつ足を寝かせ、親指を重ねてその上に静かに座る。

このとき、上体を前に傾け、反動をつけて座り直すような所作にならないように注意します。尻と腿の筋肉を使い、吸う息でゆっくり行います。跪座から正座に直るときには、前後左右にゆれることなく、自然に行うのが美しい所作です。

指の重ね方は、今は決まりがなく、左右どちらの指が上でもかまいません。

立った状態から正座する

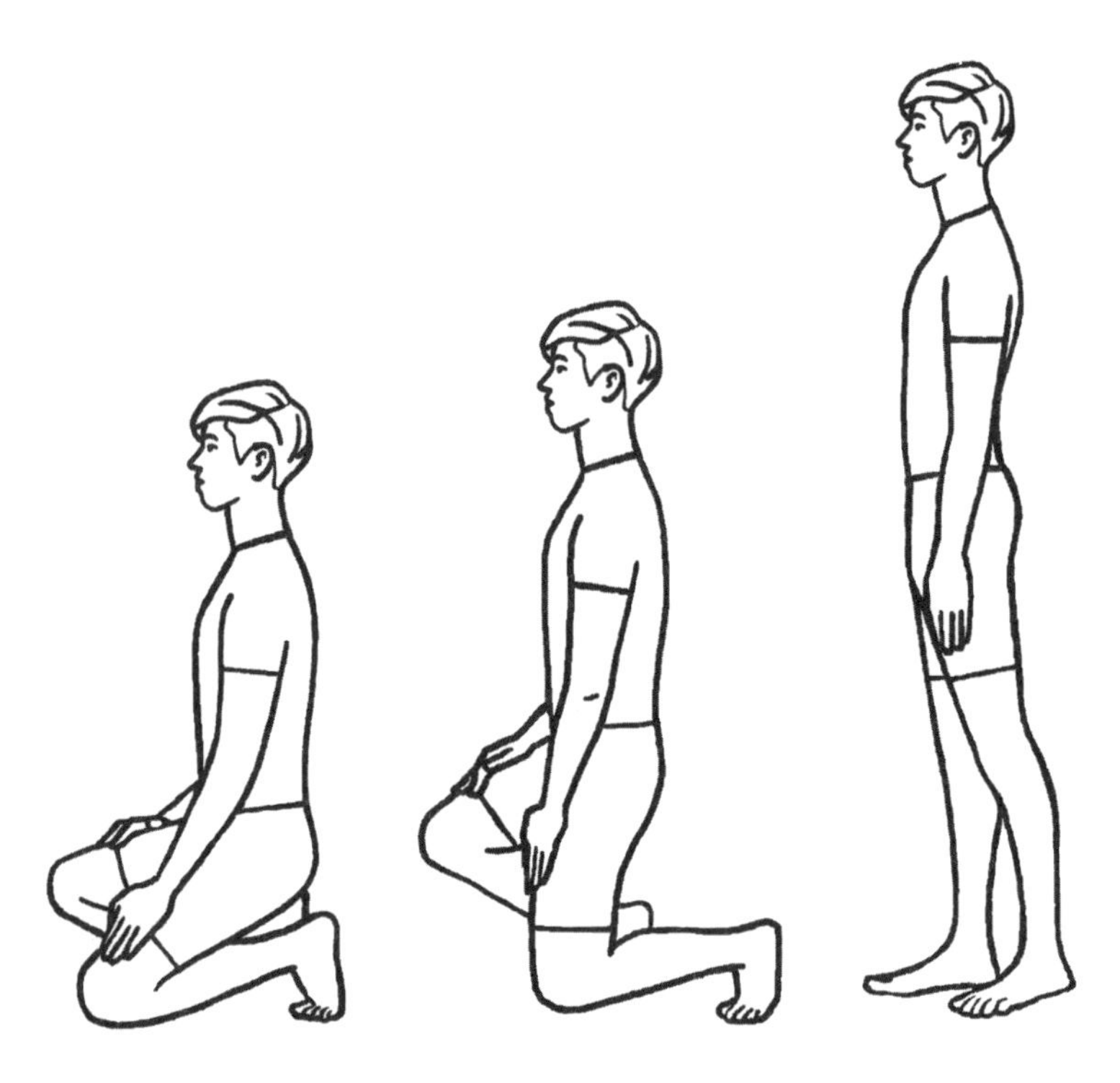

上座側の足を半歩引く。

息を吸いながら、前後左右に体がぶれないよう、「水の中に沈むような」心持ちで下ろす。膝の屈曲が深くなると重心が崩れそうになるが、腿で支える。

ゆっくり息を吐きつつ、後ろの膝を腰で押すように進め、かかとが尻につくと同時に両膝をそろえ、跪座の姿勢に。腿の付け根は常に膝より高い位置に置く。

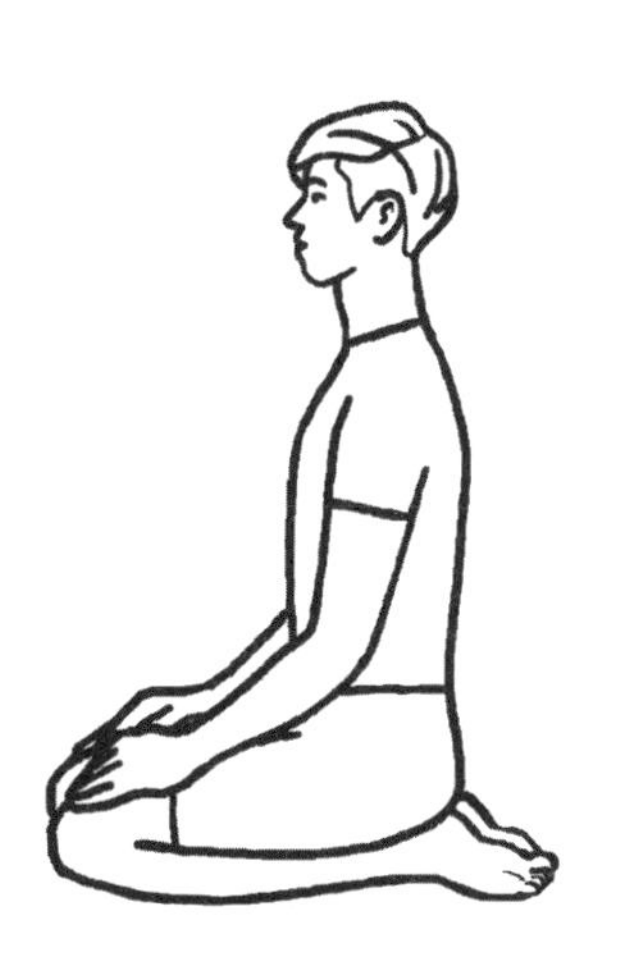

息を吸いながら、その上に静かに座る。反動をつけずに腿と尻の筋肉を使う。

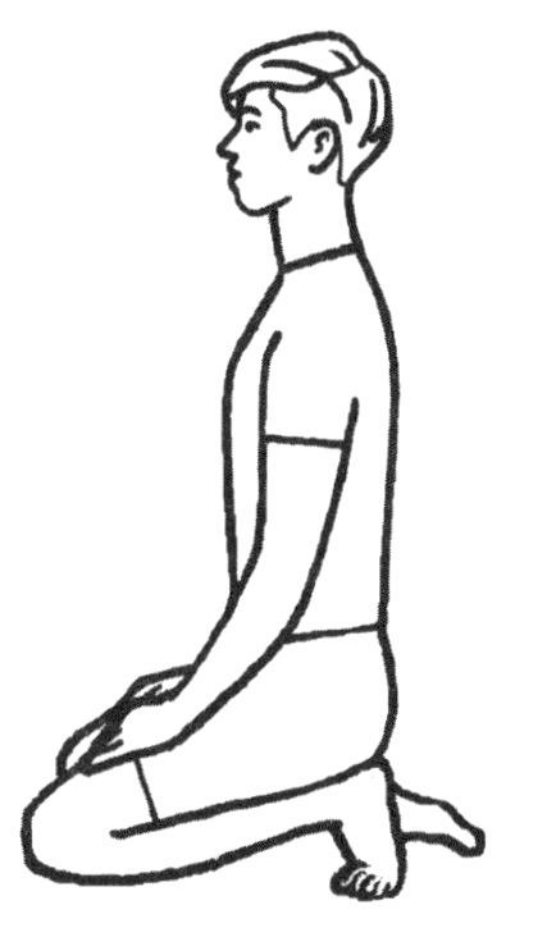

跪座から片足ずつ足を寝かせて親指だけ重ねる（左右どちらが上でもよい）。

力みを感じさせない正座（一一八ページイラスト参照）

一、背筋を伸ばして、上体はやや前傾させる。

立つ姿勢と同様に、背中を真っすぐにして、上体の重心が腿の真ん中に落ちるように座ります。そうすると、上体がほんの少し前傾したかたちになります。

上体が反って、寝かせた足に重心がかかったり、前かがみになって背中が丸まらないように注意します。

二、男性は膝頭の間を握りこぶし一つほど開く（女性は膝頭をそろえる）。

ただし、膝を開き過ぎると、足の上に尻が落ち、背筋が曲がって見えるので注意が必要です。

三、脊柱に沿って肩を落とし、頭は正しく胴体の上に据える。

上体の保ち方は、立つ姿勢と同じです。

顔はうなじを真っすぐにし「耳は肩に垂れ、顎が浮かず、襟がすかぬように」します。

腕は、横から見たときに、肩から上体に沿って真っすぐに上腕が落ちるようにし、肘を軽く曲げ、手を自然に腿の上に置きます。こうすると手の位置は、腿の中心よりも体寄りになるはずです。

四、足の指先だけを重ね、足は自然に寝かせる。
足を交差させるように重ねたり、足先を重ねて正座する人がよくいますが、腰が浮き、上体も曲がってしまいます。足の親指だけを重ねることで、しびれにくくもなります。

五、手の指は広げず、手のひらに軽くくぼみをつくる。
指が開いているのは、ポカンと口を開けているようなもの。気持ちがたるんでいるように見えます。

立つ姿勢と同様に、体の前で手を組むことはしません。手を組む姿勢は、安楽を求めるものであり、不安や緊張を抑えるしぐさです。背を真っすぐに伸ばしているのに、その背骨を支える背筋がゆるんでしまいます。

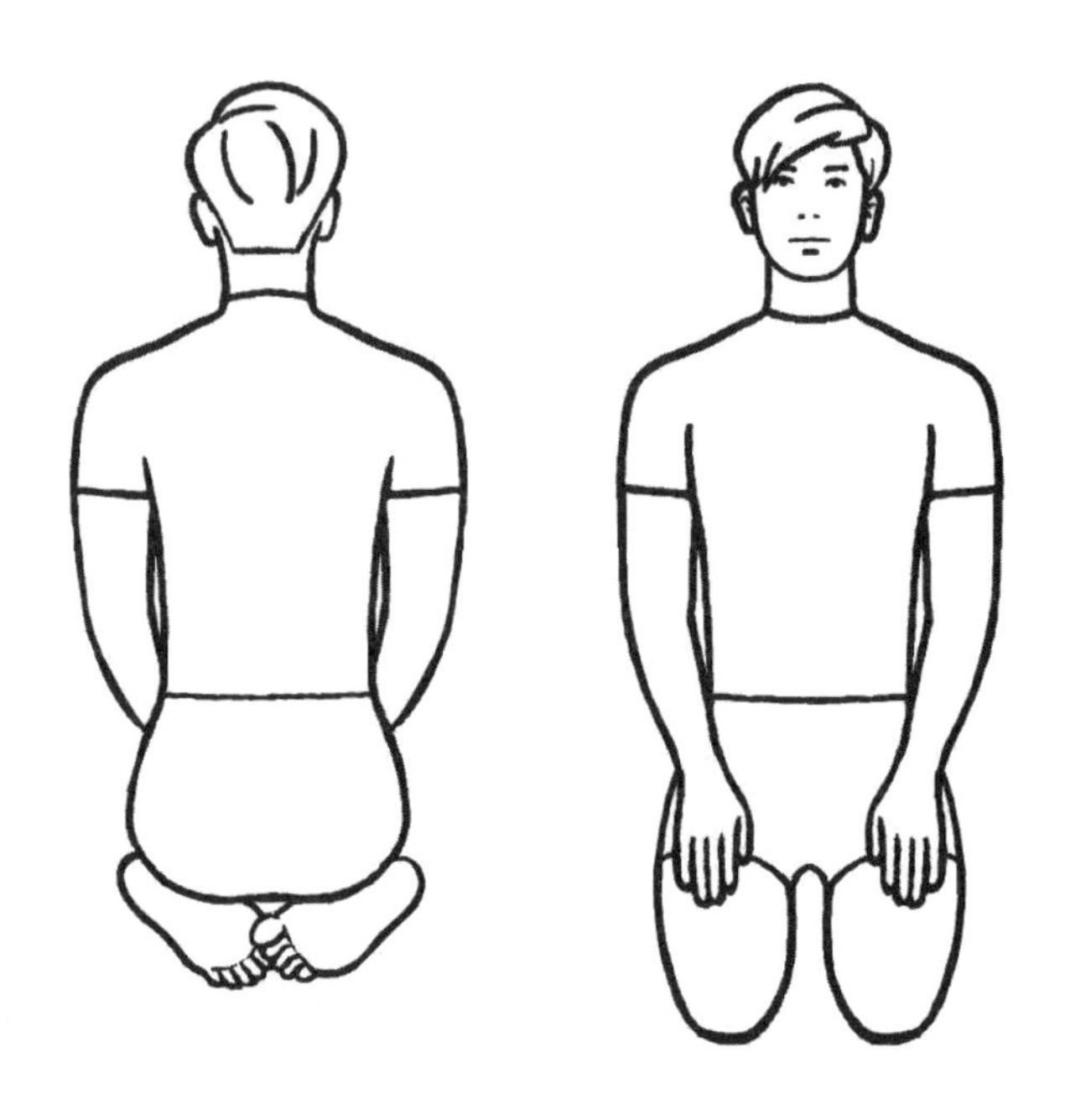

力み過ぎない自然な正座の仕方

立つときの姿勢と同じく、背中を伸ばし、上半身はやや前傾させる。両足の間に重心が落ちるイメージで。男性は膝頭を握りこぶし一つ分ほど開く。開き過ぎに注意(女性は膝頭を閉じる)。手の指は広げず、自然な形で腿の上に置く。足は自然に寝かせ、指先だけを重ねる。

風のない日に煙が立ちのぼるがごとく立つ

正座から立ち上がる（一二〇〜一二一ページイラスト参照）

一、両足の指をつま立て、跪座の姿勢になる。
跪座の姿勢になるとき、かかとをつけて両足をそろえ、足先をかかとより内側に入れることを忘れないように。次の動作が滑らかになります。

二、腰を伸ばしながら、片足を踏み出す。
踏み出す足の先が、膝より前に出ないようにします。膝より前に足先が出ると、腿の付け根より腰が高くなって、体の構えが崩れます。

踏み出す際は、ベタ足にならないようにしましょう。重心が前の足に移動してしまうからです。

三、上体を浮き上がらせるように上に伸びる。

上体をゆっくりと浮かしていくと、膝が自然に伸びます。後ろ足も伸ばしていき、踏み出した足の膝が伸び終わると同時に、前の足にそろえます。

上体を浮かせるときに、踏み出した足に体重をかけてはいけません。後ろの足の腿の力で体を持ち上げるようにして立ちます。

礼法では「風のない日に一筋の煙が立ちのぼるがごとく」と表現されています。

踏み出した足のかかとが、徐々に床についていくに従って、もう一方の足が近づき、両足がそろうようにすると、一連の動きはよどみなく美しいものになります。

正座から立つ

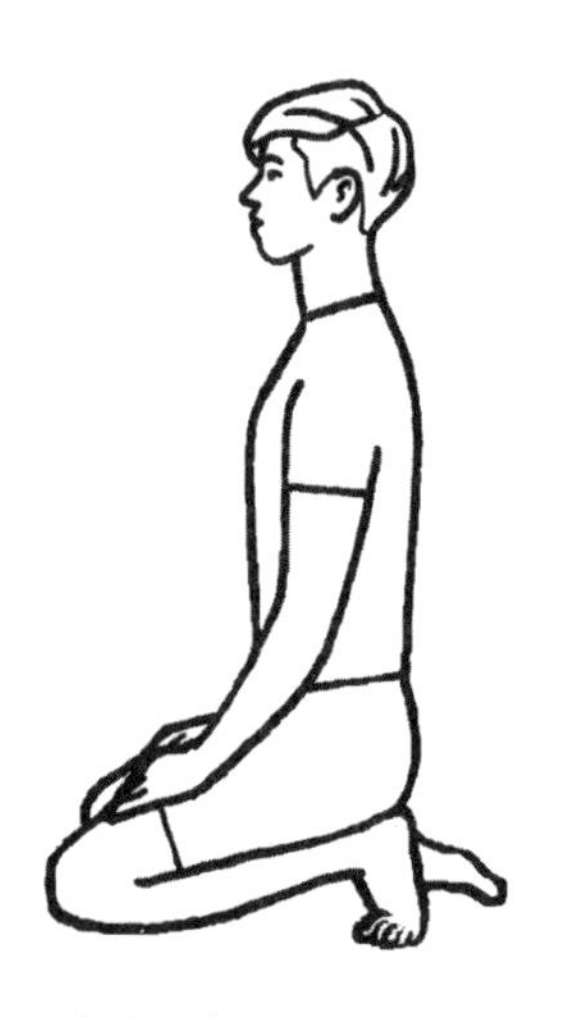

自然に息を吸いながら、上体をゆらさずに足の幅分だけ尻を上げ、両足の指のつま先を立て、跪座の姿勢に。

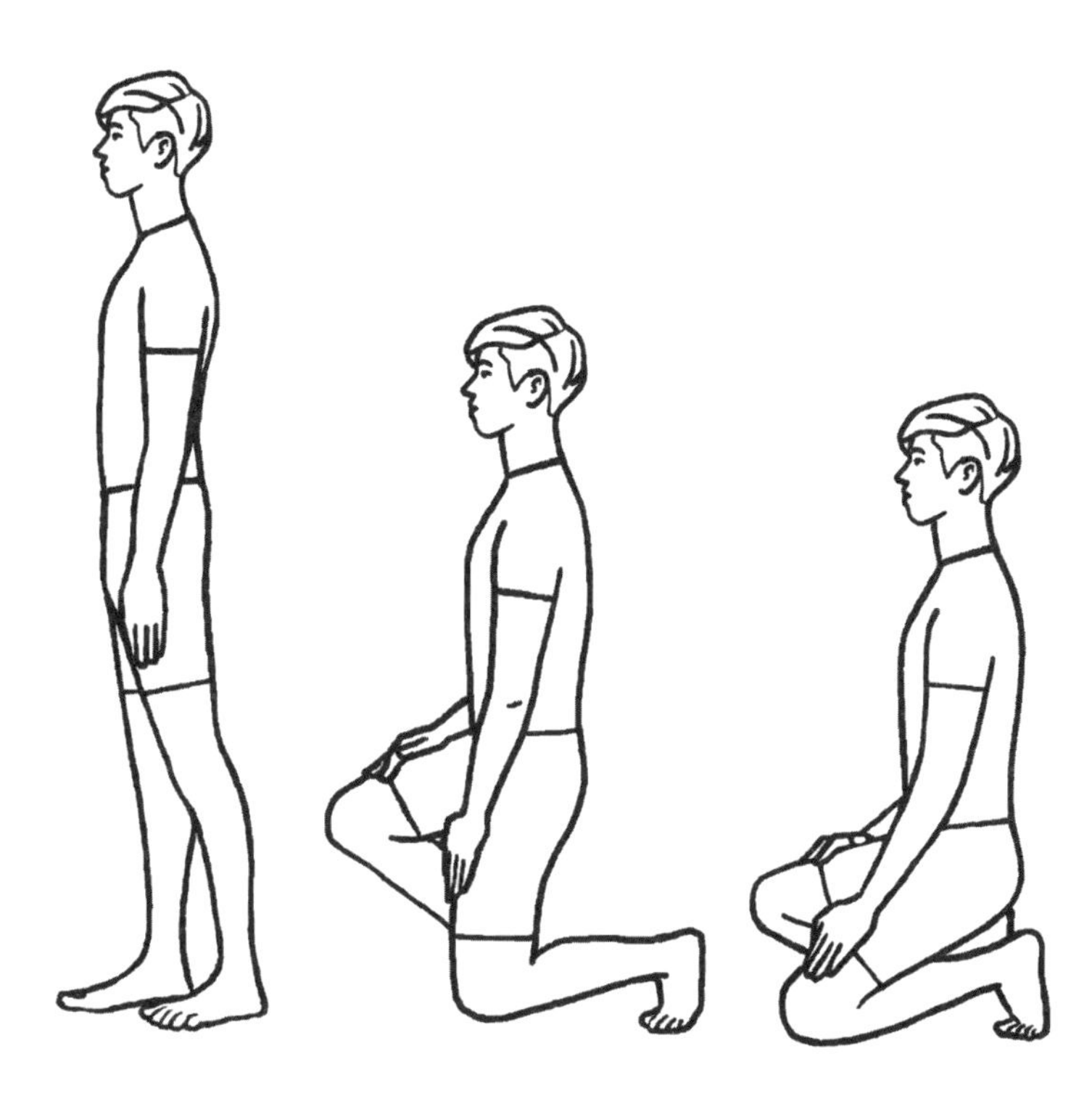

息を吐きながら、上体をふらず、上げた尻を下げず、「無風のなか、煙が立ちのぼるように」上体を浮き上がらせる。後ろの足はゆっくり伸ばし、踏み出した足の膝が完全に伸びたら前にそろえる。

踏み出す足のかかとは上げ、つま先は膝よりも前に出さない。腿の付け根より膝が高くなると、姿勢が崩れる。

下座側の足を踏み出すと同時に尻を上げる。

鼻緒のある履物で音を立てずに歩いてみる

立つ、歩く、座る、すでにおわかりでしょうが、礼法の所作では腿を活用します。たとえば、座った姿勢で体の向きを変えるときも、腿の筋肉が活躍します。

一般に、右に九〇度回る場合ならば、右の膝で向きを変え、左の膝を添わせるようにするでしょう。しかし、礼法の回り方では、跪座の姿勢から右膝を少し浮かせ、畳についている左膝で右膝を押すようにして回ります。いざやってみると、バランスを崩したり、よけいな動きが入ったりと、なかなかうまくいかないものです。しかし、繰り返し稽古すれば、その動作に見合った腰、腹、背中、腿の筋力が自然についてきます。

本章の冒頭に述べたように、正座で長く座れない日本人が多くなったのは、正座に必要な筋肉が使われず、衰えているからです。ですから、正しく正座をしたとしても、はじめのうちは足がしびれます。本当に三分ももたないかもしれません。

そこで、一つの稽古法として、お風呂に入ったときに正座するというのはいかがでしょう。立つ姿勢からお湯につかって正座し、正しい姿勢のとり方、筋肉の使い方の感覚をつかむのです。お湯の中ならば、体に浮力がかかりますから、畳の上ほどの負荷もなく、正座を続けられると思います。

ところで、最近では跪座の姿勢がとれない人も増えています。跪座は、足指を曲げ、つま先をかかとの内側に入れるのですが、足首が固いとこれがなかなかできません。また、靴履きで、足指を使う機会が少なくなったせいか、足指がよく曲がらないという人もいます。

昔は、草履や雪駄、下駄など、鼻緒のついた履物を使うことが多かったので、足指を柔軟に動かし、力を入れることもできました。足指の運動は、足首の関節を柔らかくし、下肢の筋肉も強くしてくれます。ですから、鼻緒のある履物で歩くのも、立つ、歩く、座るの基礎づくりにはよいと思います。

ただし、草履や雪駄ならペタペタ、下駄ならカランコロンと音を立てて歩いてはいけません。音が出るのは、鼻緒をはさむ足の指にきちんと力が入っていないからです。それでは意味がありません。

また、一日に数分、一〇八ページの蹲踞の姿勢を維持するというのもよいと思います。

じっとしているのが大変なら、たとえば座卓に洗濯物を積んで、蹲踞の姿勢でたたむとか、郵便物や書類を整理するなど、何かをしながらでもかまいません。そのような方法でも、長く正座することが苦にならない足腰をつくることができます。

椅子の座り方にも生きる武士の美学

椅子に座るという風習は、武士の生活にはほとんどありませんでした。

幕末から明治にかけて移入された西欧文化が、その後の近代化の波に乗って広がり、職場や学校において椅子の生活が普及していきました。

そのころに、礼法の伝統を守りながら、西欧文化とどう融合させるかに腐心したのが私の曾祖父・二十八世小笠原清務でした。教育者であった清務は、学校教育への礼法導入に大きな役割を果たしています。作法教育の教科書もつくりました。

それらの見どころは、武家の作法を中心としながら、欧米の習慣をとり入れていたことです。椅子に座る作法も、そうした過程のなかで整えられたものです。

その後、いくらかの変化はありますが、驚かされるのはその所作の心身への作用が、今日の科学的な知見からしても、おおむね合致していることです。

長い歴史に培われてきたものは、時代が変わり、生活様式が変化しても、その根本は褪せることのない真理を含んでいます。

ふだんに何気なく腰かけている椅子とのつき合い方も、少し視点を変えてみると、実に奥の深いものです。

上体を動かさず、静かに椅子にかける

椅子に座り、立つときも、上体の姿勢と動きは正座のときと基本は変わりません。

では、椅子から立ち上がってみましょう。ただし、体を前傾させてはいけません。背筋を伸ばし「一筋の煙が立ちのぼるがごとく」です。おそらく、ほとんどの方が立てないと思います。それどころか、お尻を浮かせることさえできないでしょう。

なぜなら、一般に椅子に座るときには、体を前傾させて腰を下ろしています。椅子から立つときも、体を前に傾け、体を後ろにふる反動でお尻を持ち上げています。そのため、

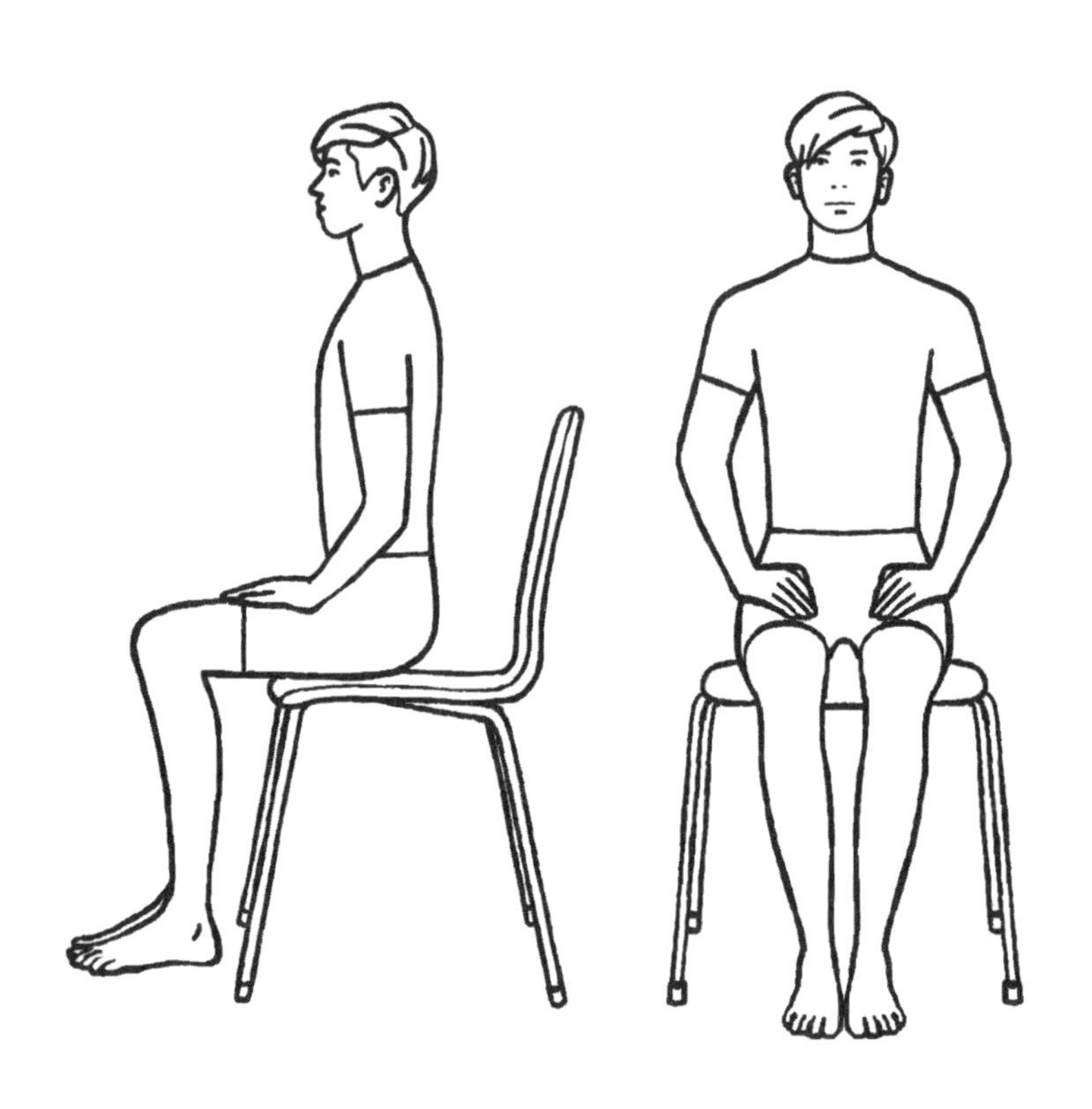

椅子には浅くかけて姿勢を保つ

椅子には浅く腰かけ、姿勢を保つ。手は軽く腿の上に置いて指先をそろえる。男性は握りこぶし一つ分、膝頭を開く。開き過ぎに注意。女性は膝頭を閉じる。

背筋を伸ばして「煙のごとく」とはいかないのです。また、一般的に椅子に深く腰かける習慣がついている人が多いので、立ち上がろうとするときに、下肢や腹筋が満足に働けない状態にあることも理由です。

背もたれの大きな椅子や柔らかなソファを見ると、全身の力を抜いて体を預けたくなるのは気持ちとしてわかりますが、それは全身が弛緩して無防備な状態をつくることになります。とくに体を包み込むような柔らかいソファは、日本人の骨格に合わないところがあるようです。

人間の骨盤は、体の中で衝立のように立っていますが、垂直に立っているわけではなく、少し後ろに傾斜しています。その傾きが、他の人種に比べて日本人は多少大きいのだそうです。

ですから、柔らかいソファに深々と腰を落とすと、骨盤が寝るかたちとなり、脊椎が過度に湾曲してしまいます。当然、体のあちこちに不自然な力がかかってきます。楽に体を預けているようでいて、実は体の各部は悲鳴をあげているかもしれません。

電車の中で大股を広げ、足を放り出してふんぞり返るように座っている人を見かけます。これも同じで、座面に近い角度で骨盤が寝るかたちになり、背もたれとの接点は背中の中央あたり。腰が「く」の字に曲がります。けっして楽な姿勢ではないはずなのですが、当人はどう感じているのでしょう。

礼法の椅子に座る所作では、座面にやや浅く腰かけます。そして、座る、立つときには、反動をつけず、上体を真っすぐに安定させ、静かに動きます。

浅く腰かける理由は、もはや言うまでもないでしょう。正座の場合と同じく、姿勢を正した状態を保ち、下肢や腹筋などがしっかりと機能する動作を行うためです。

足をそろえて動作すると美しく見える

テーブルマナーの本などでは、椅子に座るときは左脇に立ってから椅子の前に歩を進め、腰かけるとなっているものがあります。正式には下座の側に立ってから腰かけます。椅子に座る前に下座脇に立ち、下座の足を前に進め、次に上座の足を進めながら横に開いて椅子の前に進み、足をそろえてから腰を下ろします。

面接や他社を訪問するときなどは、椅子を勧められてから一礼し、座る動作に入るのが礼儀です。

椅子に座ったら、正座のときと同様に、手は軽く腿の上に置いて指先をそろえます。手を組むのは注意力が散漫になります。椅子に肘掛けがついていても使いません。

椅子を離れるときは、腰かけるときの逆の動作になりますが、座るときも立つときも、いったん足をそろえてから動くというのを意識してください。動作に緩急がつき、さりとてぎくしゃくした印象も与えません。足をそろえずに動作すると、必要な筋肉が働かず、美しい所作にならないのです。

足を組んでいいのは親しい間柄だけ

足を組んだり、足を横にしてそろえるのは、体のゆがみを誘発する座り方なので、あまり好ましくはありません。しかし、その場合にも作法があります。

足を組んでいいのは、友人同士の場合にのみ許されることです。本来は、目上の人、親に対してもしてはいけない所作です。また、足を組む場合は、組んだ足が同席者のほうへいかないようにする配慮が必要です。組んだ足はつま先を下げ、もう一方の足に近づけておくようにします。

同席者のほうへ足がいかないようにし、つま先を下げるとなると、組んだ足の膝下をできるだけそろえることになります。足を組む座り方が楽だという方もいるでしょうが、そのような配慮を思えば、組まずに両足をそろえたほうが姿勢に無理がかからず、楽な座り方だと思います。

女性の場合、椅子が低い場合など、やむを得ず足を横に流さなければならないことがあります。このときも、同席者のほうに足を流さないようにしましょう。両側に同席者がいる場合は、下座側に流します。

ちなみに、正座に対する胡坐も、気の置けない親しい間柄に限った所作で、目上の人と相対する場合はしてはいけない姿勢です。休息するときの座り方と覚えておくとよいと思います。

浅く腰かけることで姿勢は保たれる

椅子に浅く腰かけて背筋を伸ばすと、集中力が高まり、脳の働きが活発になります。そして、相手に凛とした印象を与えることができます。

海外でも、ニュースキャスターなどの心得として「どんな椅子にも浅く腰かけよ」といわれているそうです。これを心がけると、上半身をリラックスさせながら、背骨が伸びて見栄えがし、上着のしわなど着衣の着崩れも防ぐことができるのです。

とくに人の話を聴くときは、椅子に深く腰かけた姿勢は失礼に当たります。真剣に話を聴く気がないようにも思われてしまいます。大脳生理学の研究でも、椅子に浅く腰かけ、体を多少前傾させるようにすると、その姿勢から集中をうながされていると脳が判断し、相手の話が入りやすくなるといわれています。

椅子に座り、人と対話するときは視線の置きどころにも注意を払いましょう。

「目は人の眼（まなこ）」「身の灯は目なり」といわれ、目はその人の人柄を表します。また「目は心の鏡（窓）」ともいわれます。心のありようを映し出すもので、目に落ち着きがない人は心が動揺しているのです。

話しかけたときに、視線をそらされると、相手は避けられたのかと思います。視線をそらしたまま話しかければ、相手は誠意がないように感じます。かといって、相手の目を凝視するのは、心の奥底を探っているようで不快感を与えることもあります。

では、視線の置きどころは、どのようにするのが適切なのでしょう。

向かい合っている場合、上は相手の額あたり、下は臍（へそ）あたりの水平線と、左右は肩の少し外側の垂直線に囲まれた四角形が、視線を置くのに無難な範囲です。さらに注意深く相手の話を聴くには、左右は肩幅まで、上下は目と胸までに視線の範囲を狭めます。相手の言葉にあいづちを打つときは、静かに相手の目を見つめるようにします。

第六章

一流店でも困らない和食の作法

礼は飲食にはじまる

オフィス街で、膳に覆いかぶさるようにしてお昼を食べている人を数多く見かけます。ふだんの昼食に細かな気遣いは不要と思われているのかもしれませんが、その姿は江戸時代の学者・貝原益軒の言葉を思い起こさせます。

益軒は『五常訓』で、礼は飲食にはじまるとして次のように述べています。

「礼なければ、飲食をほしいままにして見苦しく、禽獣の行いに近し」

手厳しい言葉ですが益軒が言うように、飲食における作法の心得が、生活全般の礼法の基本です。毎日、三度の食事を正しくいただくことは、すべての立ち居振る舞いを正しく身につけることにつながります。

しかし、どうでしょう。「飽食の時代」といわれて久しい今日、食事の仕方は益軒が指摘する「礼なければ」に陥ってはいないでしょうか。

二〇一三年、和食はユネスコ（国連教育科学文化機関）により、無形文化遺産に登録されました。評価されたのは、鮨や天ぷらといった個別の料理ではなく、四季の自然と調和し、伝統に根ざした日本の食文化です。

礼儀正しい食事の作法、正しい箸の持ち方、器の扱い方などもまた、いくつもの時代を経て磨かれ、継承されてきた大切な食の伝統です。

和食は武家礼法の「本膳料理」が原点

和食のユネスコ無形文化遺産登録の理由として、次の四点があげられています。
一、多様で新鮮な食材とその持ち味の尊重。
二、一汁三菜（ご飯と一種類の汁物、三種類のおかず）を基本とする栄養バランスに優れた健康的な食生活。
三、自然の美しさや季節の移ろいを器や料理の飾りつけなどで表現。
四、正月など年中行事との密接な関わり。
和食の食文化が、自然を大切にする日本人の心を表現するものであり、伝統的な社会習慣として、世代を超えて受け継がれてきたことが評価されています。

一汁三菜を基本とする食事の様式は、平安末期ごろにはすでに見られたようです。室町時代になると、武家礼法に基づく「本膳料理」が日本料理の正式なお膳として登場し、江戸時代に発展しました。冠婚葬祭などのお膳として民間でも用いられ、今日の家庭の食卓における配膳様式もこれが原点となっています。

すなわち、自然と調和した健康的な食生活は、それをいただく作法とともに、一〇〇〇年近くも受け継がれてきた日本人の知恵なのです。

この国に生まれ育った者であれば、その知恵をないがしろにするわけにはいかないでしょう。国際的にも評価された日本の食文化、その心を理解し、正しい作法とともに次の世代に伝えていくことは、今の時代を生きる者の大切な役割だと思います。

食事風景で人柄がよく見える

「子は親を見て育つ」と言います。また「親の言うとおりに子は育たない」とも言います。子供のしつけは言葉だけではうまくいかず、親が見本にならなければいけないということなのですが、実際にはなかなか難しいものです。

　しかし、食事にはその人の人柄が如実に表れます。

　食事の作法は、幼児が器からものを食べるようになったころから、しつけとして教えられていきます。スプーンの持ち方、扱い方、口からものをこぼさない食べ方、器の持ち方、箸の使い方というふうに、成長の段階に合わせて覚え、習慣として定着します。ですから、その子が大人になってからの食事の仕方で、どのように育てられ、育ってきたかがおぼろげながらもわかるのです。

　箸の持ち方がおかしい人、口にものを含みながらしゃべる人、クチャクチャと音を立てる人、テーブルに肘をついて食べる人、ガツガツとかき込むように食べる人、そういう食べ方を隣の席で見ることになったら、あなたはどう感じられるでしょう。

　食べることは、生存に欠かせない生まれもっての本能的な行為ですが、行儀は生まれてのちに備わった生活習慣です。環境や周囲からの影響でおろそかになっていくこともあります。

　たとえば、最近は外を歩きながら、ハンバーガーやアイスクリームなどを食べる若者の姿をよく見かけます。大学生以上の子供を持つ親ならば、小さいころから「立ち食い、歩き食いはだめ」としつけられたでしょう。それを自分の子にも教えたはずです。しかし、歩き食いが当たり前のようになってしまうと、身についていたはずの親の教えは、守らなくても苦にならないものになります。

とはいえ、行儀作法は後天的に備わった生活習慣ですから、姿勢のクセを直すように改めることができます。礼法の食事作法を習得するのは大変なのですが、少なくとも見苦しい、無作法と人に思われない程度の行儀作法は身につけましょう。

それが社会人として、あるいは親としての嗜(たしな)みです。

食事前に手は合わせず、一礼して「箸構え」を

最近は、箸を正しく持てない人が多くなっています。

箸を握ったり、交差させて使う人、箸を長く持ったり、深く握り過ぎる人はよく見かけます。箸の正しい扱い方となると、ほとんどの人ができていません。

一般的な食事の流れに沿って、基本的な作法をご紹介しましょう。

本当に正しい箸の持ち方

食事の席についたら、「いただきます」の気持ちを表す一礼をします。

食膳の前で手を合わせるしぐさを見ますが、これは宗教に由来するもので、本来の作法にはありません。

次に「箸構え」をします。

箸構えとは、感謝を表す本来の所作です。正座の姿勢から、右手を伏せて、膳に置かれた箸の中ほどをとり、腿の上に引き寄せます。左手を受けるかたちで箸に添え、姿勢を正して箸構えの完了です。次に、右手を箸に沿って下に回し、箸を持ち直して膳に運びます。

箸は、中ほどを持ちます。上のほうを持つと粗相をしやすくなります。深く握らず、鉛筆を持つように軽く持ちます。正しい箸の持ち方は、次ページのイラストを参照してください。

和食は、右手に持った箸でいただくよう配膳されています。左利きでも、左手に箸を持っていただくことはしません。左利きの方は、右手で箸が使えるように練習しましょう。

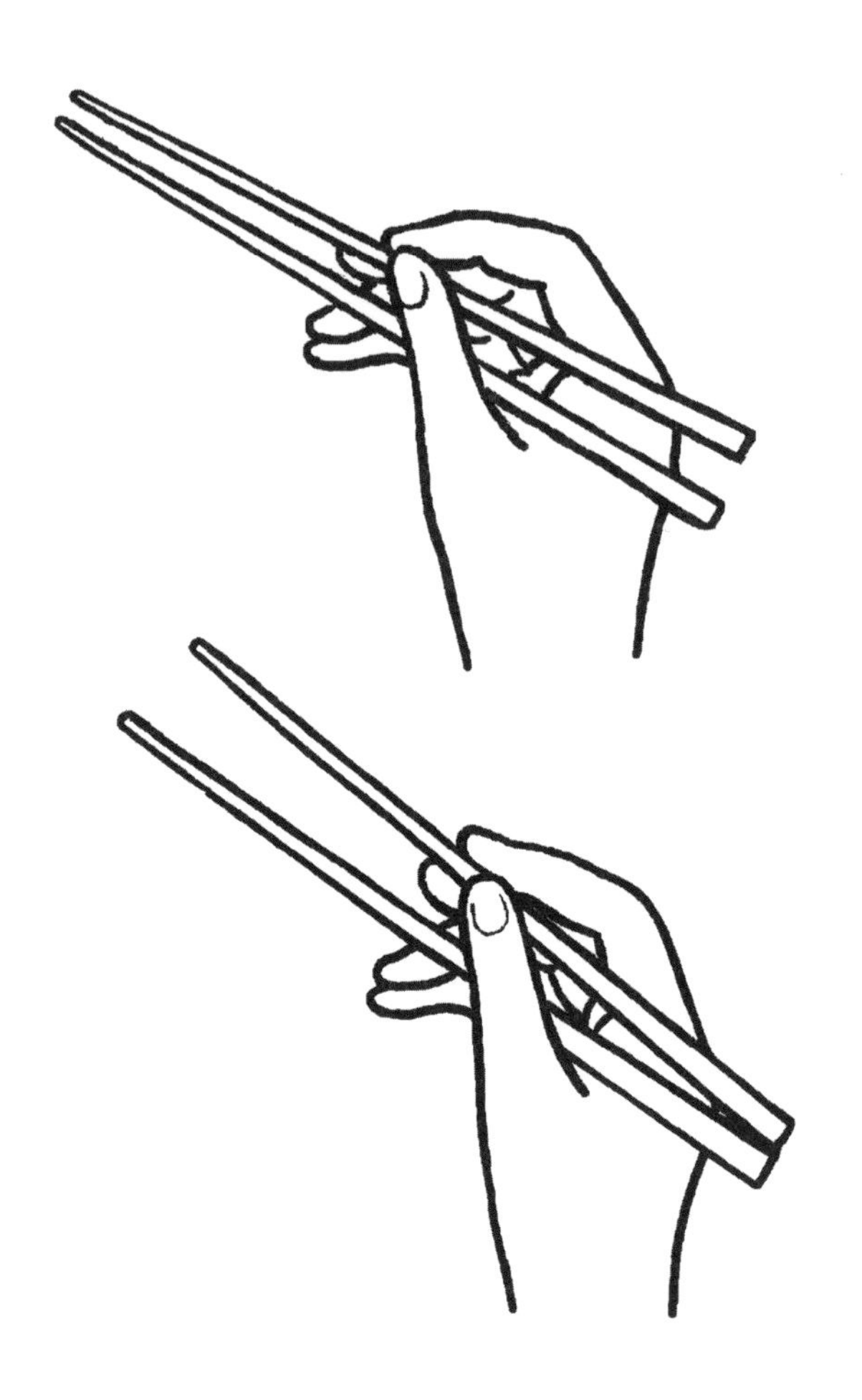

まずは箸を正しく使うことから

上の箸は親指と人差し指、中指の３本ではさみ、下の箸は薬指の爪のつけ根に乗せて固定する。親指を軸にして中指を動かし、箸先（３センチ以内）でものをはさんで食べる。箸先はなるべく汚さないように。

絶対に慎みたい箸使いとは

食事中の所作が見苦しく、無作法と思われないように、慎みたい箸の使い方を次に列挙します。

一、またもり　飯椀の中で、ご飯に箸を押しつけていただくこと。

二、込み箸　たくさんの食べ物を、箸で口に押し込むようにいただくこと。

三、移り箸　おかずから別のおかずに移ること。おかずの次はご飯や汁をとり、次のおかずに移るのが原則。

四、空箸　食べようとして一度おかずに箸をつけながら、それを食べないでそのまま箸を手元に引いてくること。

五、惑い箸　箸をおかずにつけて、食べようかどうしようかと迷うこと。

六、箸なまり　箸を手に持ったまま、どのおかずを食べようかと、膳の上をあちこち見回すこと。

七、探り箸
下のほうに何があるのかと、器の中を探ること。

八、舐(ねぶ)り箸
食べ物を口に入れたあと、箸先を深くなめること。

九、にらみ食い
食べ物を口に入れていないときも、箸をなめる行為は慎む。ものを食べながら、手にした器越しにあちこち眺めること。

一〇、受け吸い
汁やご飯のお代わりを受けとって、そのまま口に運ぶこと。お代わりを受けたときは、いったん膳に置いてからいただく。お酒やビールがこぼれそうになったのを、口を近づけて吸うのも受け吸いに属す。

一一、膳越し
膳の向こうにある料理を、器にとらずに箸でとり、直接口にすること。必ず器を手にして、とり分けてからいただく。膳の向こうにあるものを、膳の上を通って手を伸ばしてとるのも膳越しとなる。手を伸ばすときは、膳の脇を通す。

一二、袖越し
右にある料理を左手で、左にある料理を右手でとること。

一三、諸起こし
箸と器を一緒にとり上げること。飯椀を持ったまま、おかずをとるのも諸起こしに当たる。

一四、犬食い　　肘を食卓につけ、食器のほうへ口を近づけて食べること。

食事中に箸を休めるときは、箸置きがあればそれを使います。箸置きがないときは、箸先を中にして膳の縁にかけます。膳の縁を箸置きに見立てて、左端に箸先を出してかけるのが正しい作法だと思っている人も多いようですが、使った箸先を見せることはありません。これは「左膳」と言い、嫌われている所作です。

箸全体を膳の中に下ろすと、食事の終了を意味します。

食事を終えたあと、箸を飯椀や汁椀などに渡して置く、箸先を器にかけて置くことは慎みましょう。蓋のある器は蓋をもどし、箸はそろえて膳の中に下ろします。

もてなす側は、客より先に器の蓋をとらない

料理が運ばれてくると、すぐに食べようとする人がいますが「どうぞ」と勧められるまでは、膳に手をつけてはいけません。声をかけられたら「ありがとうございます」「おそ

れいります」と礼を言い、食器に蓋がある場合は、蓋をとります。

一方、もてなす側は、お客様が蓋をとるまで自分の膳に手をつけることはしません。お客様が複数の場合は、最上位者が蓋をとるのを待ってから、ほかの者が手をつけるのが礼儀です。

食事を終えて器に蓋をするときも、お客様が先です。もてなす側が先に蓋をするのは「早く食べ終えてください」と言っているようなもの。食事をせかせたのでは、よいもてなしになりません。

また、箸の扱い方でも述べましたが、蓋をとるときも、体の中心線から膳の右にあるものは右手で、左にあるものは左手でとります。左側にある器を右手でとろうとすると、手を体の前で交差させる無理な動きになるからです。

ふすまの開け閉めのときもそうですが、食事のときも体の中央から右にあるものは右手で、左にあるものは左手で扱うのが礼法の原則。小さな器をとるにも、身体機能に準じた合理的な理由があるのです。

蓋は手前から静かに開ける

飯椀やお吸い物の蓋をとるとき、どのようにしていますか？

大方は、蓋をつまみ、そのまま真上に引き上げて開けているのではないでしょうか。

そのやり方だとおそらく、蓋をとるときに中の汁をこぼしたり、椀の蓋がとれずにあわてたというようなことを、何度も経験していると思います。蓋を真上に開けると、蓋についたしずくが膳に垂れて汚してしまうということもよくあります。

器の蓋は、手前から向こうへ開けるのが基本です。

食器に限らず、蓋のあるものはすべて手前から開けます。

器の蓋の場合は、手前を少し開けてから、縁に沿って九〇度ほど回しながら、静かにとり去ります。このようにすれば、蓋のしずくは器の中に落ち、まわりを汚すことはありません。いきなり蓋を開けて、器を倒してしまうおそれもなくなります。

汁椀などの蓋がくっついて開きにくいときは、椀の上部を軽く押さえて中の空気を抜くと、楽に開けることができます。

蓋の持ち方にも、落として傷めてしまわないための作法があります。

一般には、糸底（器の底の低い台。蓋の場合も糸底という）の両側をつまんで持ち上げているようですが、これでは蓋を落としかねません。それを避けるために、もっとしっかりと蓋を持つ指の使い方があります。

糸底の両側の縁を、それぞれ指ではさむのです（一四八ページイラスト参照）。まず、親指と人差し指で、片側の縁をつまみます。次にもう一方の縁を中指とほかの指でしっかりと支えます。このようにすると確実に蓋を持つことができ、手を滑らせて落とすということはまずありません。

とった蓋は、上向きにして、その椀の近くの膳の下に置きます。食卓の場合は、それぞれの器の外側に置きます。

蓋を下向きに置いたり、重ねてはいけません。塗り物であれば傷をつけてしまいます。松花堂弁当など、蓋を逆さにして重箱の下に敷いたりするのも、蓋を傷めてしまいます。

本来、器は大切に長く使うものです。片付けやすいようにと、食べ終わった蓋や食器を重ねたり、蓋を裏返して椀や器に戻すのが、食事を終えたサインだと思っている人が多いのですが、これは食器にとってもその持ち主にとっても大迷惑です。本来、もてなしを受ける客がやることではありません。

箸を持ったまま汁椀をとる作法

前述したように礼法の食事作法では、体の真ん中から左側にある器は左手で、右側にある器は右手で扱います。

左側にある器は、ふつうに左手でとれます。しかし、箸を持っている右手で、どのようにして右側の器を持つのかと、不思議に思われるでしょう。

体の右側にある汁椀を、ふつうに箸を持ったまままとることはできません。箸を落としたり、慎重に持とうとしても汁をこぼしそうになります。

箸を持ったまま右側にある汁椀をとるには、箸を持ち直します。

膝もとで右手の箸を持ち替え、小指で握り持つかたちにするのです。

手順は次のようになります（一五〇ページイラスト参照）。

箸を閉じて重ね合わせ、右手の中指と人差し指ではさみます。これで親指が空きます。

その親指を箸の下から抜くようにして、人差し指の横に添えます。

次に中指と親指で箸をはさみます。今度は人差し指が空きます。

和食器の扱いと蓋のとり方

右にあるものは右手で、左にあるものは左手で。蓋をとるときに使わないほうの手は腿の脇に伸ばして添える。

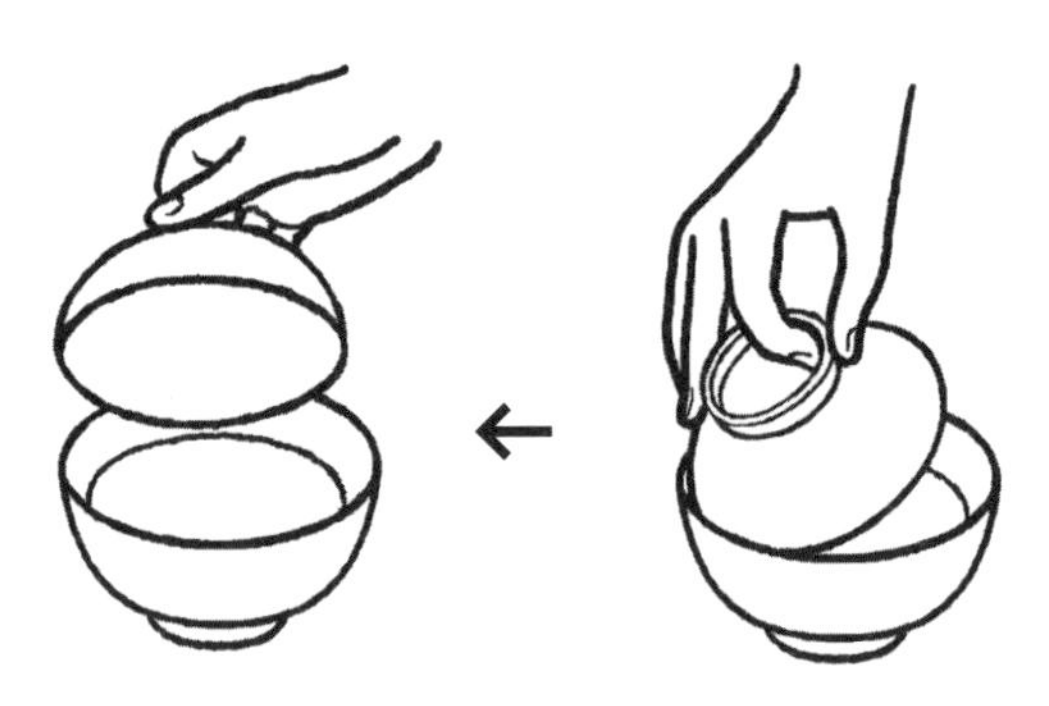

蓋を仰向けて開けながら、縁に沿って回す。

親指と中指で蓋の糸底をはさみ、人差し指は親指に、残りの指は中指に添えて、手前から向こうに蓋を開ける。

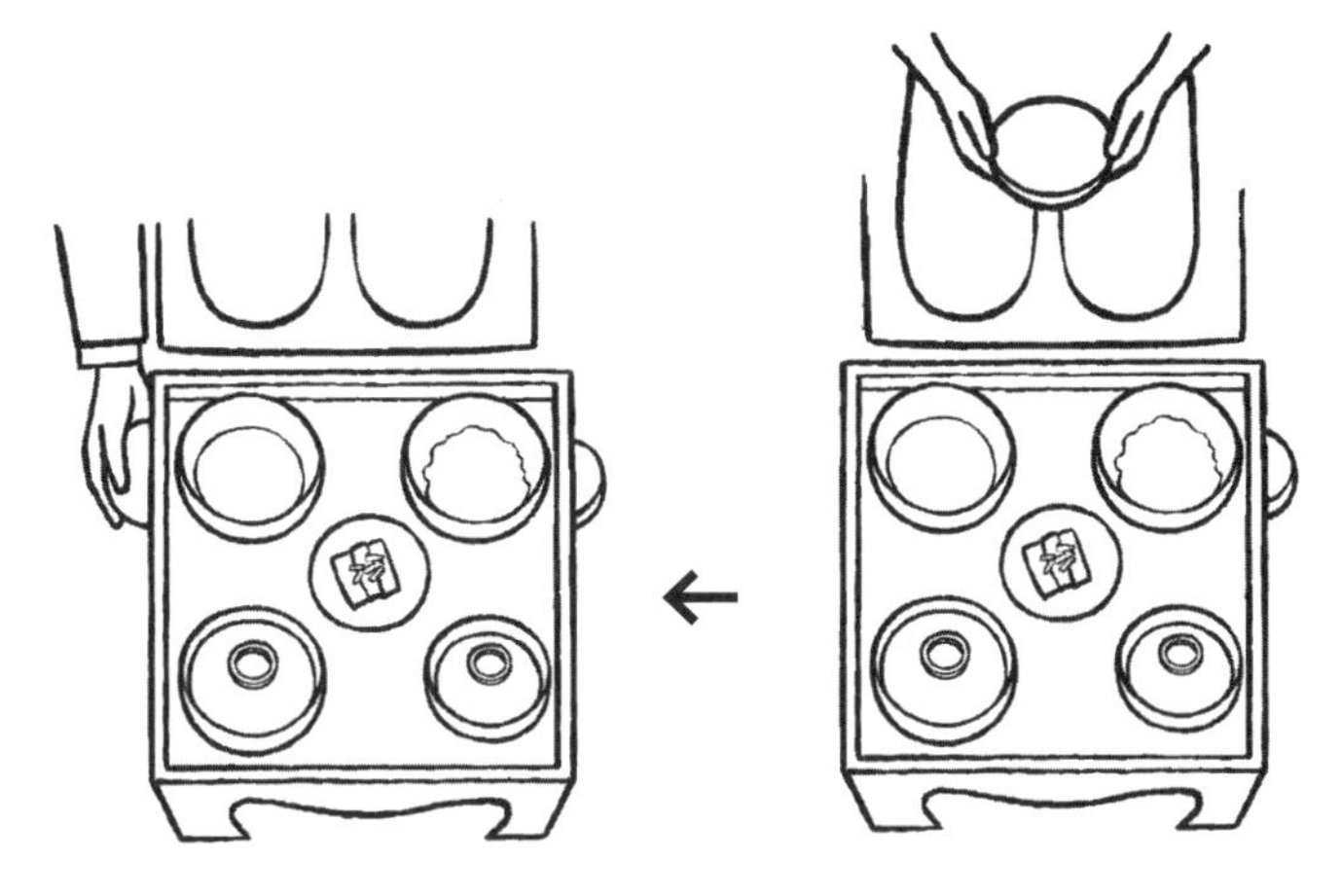

片方の手を添えて膝元まで蓋を引き寄せ、上向きにして持ち直す。

上向きにした蓋を、その椀近くの膳の下に置く。飯椀、汁椀、汁椀の先の器、飯椀の先の器の順で蓋をとる。

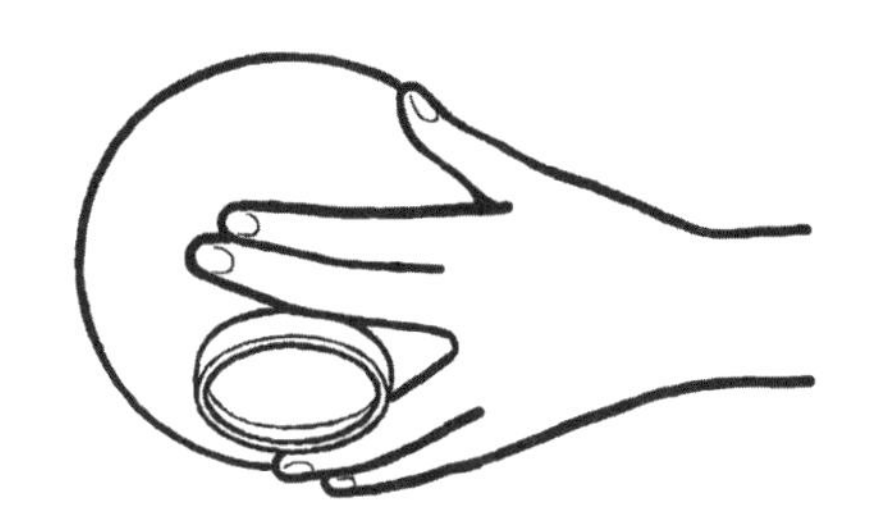

椀は、親指を椀の縁に、残りの４本の指で糸底を持つ。親指が椀の縁から中に入らないよう、また指を広げてわしづかみにしないよう注意。

汁物を食べるときの器と箸の扱い方

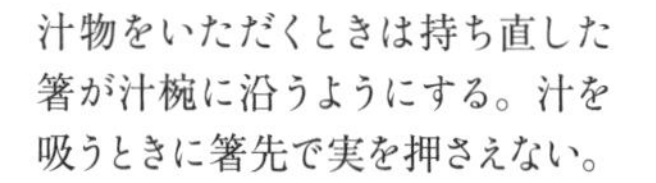

汁物をいただくときは持ち直した箸が汁椀に沿うようにする。汁を吸うときに箸先で実を押さえない。

汁気のある食べ物は、器を持っていただく。手を受け皿にすると汁が垂れたときに手を汚すため。

その人差し指を、箸に添わせて箸の下にいかせ、中指に添えます。

このように持ち直すと、右手の親指、人差し指、中指の三本で汁椀を、しっかりとつかんでとることができます。

反対に、右手に持った汁椀を置き、箸を持ち直すときは、人差し指をもどしてから、親指を下からくぐらせて、元の持ち方にもどします。

この箸の持ち直しができると、手元のバランスを崩さず、右側の器を右手で品よく扱えるようになります。

食事はご飯をはさんで進める

食事の進め方にも順序があります。

和食では、汁椀から手をつけるのが正しい作法だと思っている人が多いようです。スープが最初に出てくる洋食の作法に倣っているのでしょうか。

食事のはじめに、箸先を汁椀につけてから、ご飯に箸を運ぶ人もいます。箸先を濡らすとご飯が箸にくっつかないから、汁が先というわけです。しかし、これは嗜みのないことされています。

和食ではじめに食べるのは、主食であるご飯です。ご飯を二箸いただいてから、汁を飲み、次はご飯、おかず、ご飯と食べて、別のおかずに移るのが和食の作法です。

必ずご飯を間に挟むのは、料理の味を大切にするからです。たとえば、甘いかぼちゃのあとに酢の物を食べると、口の中で香りも味も混ざってしまいます。食べ合わせによってはまったく味が変わり、せっかくの料理がまずくなってしまうこともあります。おかずからご飯にもどすことにより、つくっていただいた料理を大事に味わうことができるのです。

このようなバランスのとれた食べ方は、栄養学の面からも「食べ物が発酵しやすく、消化によい」と聞いたことがあります。胃の中で食べ物が層状になり、消化に必要な酵素が活発に働くのだそうです。少しずつ順番にいただくので、少量で空腹感が満たされ、食べ過ぎも抑えられます。

和食の基本である本膳料理では、一汁三菜の場合、手前にご飯と汁、向こうに二菜が並び、中央に香の物が置かれます。器に蓋があるときは、箸構えの前に蓋をとりますが、その順番は、ご飯を最初とする逆時計回りです。おかずを食べる順番も同じで、ご飯にもどりながら、逆時計回りにおかずを食べるようにします。何からどういう順番で食べればよいのかと迷うこともありません。

ただし、中央にある香の物は、食事が終わる寸前まで手をつけません。意外に思われるかもしれませんが、本膳料理では香の物は手をつけずに残しておき、最後に出されるお湯または水でいただきます。

飯椀にお湯を注ぎ、残った飯粒を落とし、箸先を洗いながらいただくのです。こうすると、ご飯を一粒も残さず食べられ、器もきれいになります。器が塗り椀ならば、米粒がこびりついて漆を傷めることもありません。香の物を最後に食べるのは、食べ物を大切にするとともに、器も大切にする作法なのです。

また、焼き物膳の魚を食べるのは、本膳のおかずに箸をつけてからです。ご飯のお代わりをするときは、ご飯を一口残しておきます。

目上の人より先に箸をとらない

そのほか、食事の作法に関して気になることをあげておきます。汁物や汁のしたたるものは、器を持っていただきます。酢の物、刺身の受け皿、天つゆの器などがそうです。

酢の物やおひたし、汁けの少ない煮物などを、手を受け皿の代わりにして食べる人がいます。それが品のよい食べ方だと当人は思っているかもしれませんが、正しい食事の所作ではありません。

汁けのないものは、箸で直接とってかまいません。汁けのあるものをとるのに、適当な受け皿がないときは、汁椀などの蓋で代用します。これは無作法にはなりません。

以下は、説明の要もないように思いますが、やってはいけない所作です。

・目上の人より先に箸をとらない。
・食事中に席を立たない（トイレも不可）。

・口に食べ物を入れたまましゃべらない。
・食卓に肘をつかない。
・食事中に、体や髪の毛などをいじらない。
・口を開いて音を立てて噛まない。
・汁物は、大きな音を立ててすすらない。
・箸をふり回さない。
・食器を扱うときは、音を立てない。

こうして食事の正しい作法を見てくると、誰でも「思い違いをしていた」とか、無意識のうちにやっているということが、一つや二つはあるのではないでしょうか。とくに食事の席は、何気ない不注意が人の目に留まりやすいものです。

ここに述べてきたことは、何から何までにわかにできるというものではありません。しかし、せめて改まった席では、きちんとした作法で食事ができるようにしたいものです。それにはやはり、ふだんの食事を稽古の場と考えて、身につけたい所作、直したい所作を実践していくことが肝要です。

腹八分目も作法のうち

昔から「腹八分目」といわれます。もう少し食べたいと思うくらいが適度な食事量です。これも作法の一つと思っていただければと思います。

食べ過ぎが体に悪いのは、誰もが知っています。しかし、これほど食料が潤沢で多彩な料理が楽しめる現代では、人は自制を失いがちです。毎日三食、満腹に食べていれば、食事のたびにお腹が満たされないと満足できなくなります。

姿勢を正すことも、正しく歩くことも、食べる作法も、多少なりとも自制心を働かせなければできません。常に自分の体を意識するとは、そういうことです。

食べ過ぎとは逆に、食べないことも問題です。女性の無理なダイエットは、やせ過ぎや体の変調を招きますし、朝食を食べない人が多くなっているのも困りものです。朝食を抜くと、昼食や夕食を食べ過ぎることになり、これも体の変調につながります。

「腹八分目」は「ほどよき」をよしとする教えです。

また、礼節とは、言い換えれば「ほどよき自制を知る」ことでもあります。

食べることは、人の生存に関わるがゆえに、自制なくしてそれを欲すれば限りがありません。貝原益軒のいう「禽獣の行いに近し」です。礼は飲食にはじまります。正しい作法で食事をすれば、ほどよく自制の利いた生活を送ることができます。

相手に喜ばれる訪問、応接の作法

ここからは他家を訪問するとき、また来客を迎えるときの基本的な作法を少しとり上げておきます。

ドアを後ろ手で閉めてはいけない

訪問する家の玄関が引き戸であれば、先に紹介したふすまや障子の開け閉めと身体作法は同じです。

玄関がドアの場合も、基本的な考え方は変わりません。物の機能と体の機能に反さないように開閉の動作を行います。それが物を大切に扱い、最も効率的でよどみなく、訪問先の方にも好印象を与える所作となります。

ドアには押して開くものと、引いて開くものがあります。引いて開くドアは、ノブが左にあれば、左手で持って退き、ドアを手前に開きながら、体の中央でノブを持ち替えます。その後、ドアを回りながら内側のノブを左手で持ち、退きながらドアを閉めます。右ノブのドアでは、これが左右逆の動作になります。

押して開くドアは、右ノブであれば、右手で押し開きながらノブを左手に持ち替えて、内に入ったら内側のノブを右手に持ちながら、ドアを回って閉めます。

いずれも、閉め終えたときには、体の正面はドアに向きます。ドアを背にして、後ろ手で閉めるのは礼儀に反します。

コートは玄関前で脱ぐ

コートや帽子などは、玄関前で脱いでから入ります。

雨でコートが濡れているときは、脱いだコートの左右の肩を合わせて裏返し「裏たたみ」にして手に持ちます。こうすると、コートについた雨のしずくで訪問先の床を濡らすことはありません。

手に持ったコートは、玄関に乱れ箱（衣類を入れるための蓋のない箱）があれば、そこに入れます。ない場合は、下座の邪魔にならないところに置きます。玄関口では、一般に下駄箱があるほうが下座になります。

出迎えた方から「お預かりしましょう」と声をかけられた場合は、お礼を言って渡します。出迎える方は、乱れ箱が用意できないようならば、玄関先でお客様のコートを預かるよう、声をかける気配りがほしいところです。

靴は前向きに脱ぐ

玄関先で、よく後ろ向きで靴を脱いで上がる人がいます。あとで靴の向きを変えなくてもすむので効率的なようですが、これでは訪問先の方に背を向けることになります。正しくは、正面を向いて靴を脱ぎます。

出迎えの方に「どうぞお上がりください」と声をかけられたら、正面を向いて、下座の足から靴を脱ぎます。上がり口に上がったら、体を九〇度開いて玄関と平行になり、跪座（きざ）の姿勢から靴をそろえて向きを変え、正面よりやや下座に置きます。

出迎える側は、お客様が下座側に靴を置いたときには、あとで中央にもどしておきます。

あいさつ、座布団のあしらい、手土産の扱い

座礼は手を先につけてはいけない

座礼をするときに、手をついてから上体を曲げる人がほとんどです。お辞儀の形式だけを考え、先に手の位置を決めようとするとそうなってしまいます。しかし、たとえば「いらっしゃいませ」という気持ちを屈体の礼に込める本来の意味からすれば、これは体と手がバラバラになった所作で気持ちが伝わりません。

座礼は、上体を屈するに従って、両手が床に下りるようにするのが自然で正しい所作です。体が手にともなって一緒に動けば、きれいな礼に見えます。

小笠原流では「九品礼」と言い、座礼を九種類に分け「時・所・相手」に応じてふさわしい礼をします。屈体の深さや手の位置、手のつき方が異なり、それによって相手への敬意や親しさを表します。

ここでそれぞれの詳細は述べませんが、座礼で一般的な「合手礼」「双手礼」では、手

は屈体に従って自然に腿から下り、膝に沿いながら前へ進ませ、膝前にくるかたちとなります。

座礼でも、立礼と同じく「礼三息」です。吸う息でゆっくりと屈体し、吐く息の間とどまり、吸う息で起き上がります。

座布団は勝手に動かさない

洋室、和室を問わず、部屋に通されたら入口に近いほうで訪問相手を待ちます。

洋室であれば、椅子に座る前にあいさつをして訪問の目的などを述べ、その後に相手に勧められた席に座ります。

和室では、座布団が用意されていても、その上には座らず、座布団の下座に座って相手を待つのが作法です。座布団には「ここにお座りください」という、迎える側の意図が込められているので、自分の都合で動かしてはいけません。

案内の方に勧められたら、座布団に座って待ってもかまいませんが、自分がとくに上位者の立場でない限り、相手が入室したらいったん座布団から下りて、その下座脇であいさつをするほうが、礼にかなっていると思います。

ちなみに、座布団は、両面が同じように見えても表と裏、前と後ろがあります。座布団は、綿を抜けにくくするために糸で綴じられていますが、その「綴じ房」があるほうが表です。最近は、両面に房がついたものもありますが、その場合は縁の縫い目に「被せ」がかぶさっているほうが表になります。

座布団の正面は、縫い目で見分けます。長方形の布を二つ折りの袋状にして、三辺を縫い合わせたのが座布団です。縫い目のない一辺が正面になります。当然のことですが、座布団を使うときは表を上に、正面の辺を前にして置きます。

辞去する際に、自分が座っていた座布団を裏返しにする人がいますが、本来、表を上にして置かれているものを裏返しにするのはおかしなことです。

手土産は袋から出して渡す

果物や生花、肉・魚など、手土産に生ものを持ってきたときは、玄関先で渡すようにします。生花の花弁や葉、生ものの臭気を、応接の間に放たないための配慮です。

部屋に通されてから手土産を渡すときは、手さげ袋や紙袋に入れて持ってきたものならば、そこから出して渡します。

今はあまり使わなくなりましたが、風呂敷に包んだ手土産は、包みをといて渡すのが礼儀でした。それを思えば、手さげ袋や紙袋から出して手土産を渡すのが正しい作法です。何が入っているのかわからない袋を、そのまま渡されては、相手は不快に思うでしょう。

取り出した手土産は、いったん膝前に置き、風呂敷や紙袋を手早くたたんでから渡します。膝前に置いた品物は、まず自分に正対させて置き、向きを半回転させて相手に差し出すようにします。たとえば、のし紙のついた菓子箱であれば、のし紙の下を自分に向けて置き、それから半回転させるのです。

正座している場合は、いったん跪座の姿勢になり、膝前に置いた品物の向きを変え、手を添えて相手に勧めます。

洋室の場合でも、品物を直接手渡すより、テーブルの上にいったん置き、向きを変えてから品物の横に手を添えて、屈体しながら押し勧めると、動作のかたちから敬意を伝えることができます。

また、手土産を渡すタイミングは、あいさつのあと、椅子や座布団に座る前です。

正しい茶菓のいただき方

訪問先でお茶を出されたとき、茶碗に蓋があれば、その扱い方は食事の作法で説明した要領と同じです。相手に勧められてから、蓋のしずくが茶托に垂れないように開け、とった蓋は、飲み終わるまで茶托の下座脇に仰向けにして置いておきます。

お茶をいただく際には、背筋を伸ばした正しい姿勢のまま、茶碗を口元まで持っていきます。口で茶碗を迎えにいくような飲み方は、見苦しい所作です。

茶碗は、いったん膝元に持ってきてから、左手を糸底に添え、姿勢を崩さないように体と平行に上げていただくと、美しい所作になります。

なお、勧められるまでお茶に手をつけないというのは、訪問先ばかりではなく、上司やクライアントなど、目上の立場の人と同席しているとき、喫茶店など外でお茶をいただく場合も同じです。

お茶受けの菓子が出されたとき「甘いものは苦手」とそのままにする人がいます。せっかく出してもらったものに、手をつけないのは相手に対して失礼です。自分が食べられないのなら、持ち帰るようにしましょう。

菓子は、まんじゅうなどの蒸し菓子、団子などの餅菓子は、添えられた楊枝などで二つまたは四つに切っていただきます。

せんべいなどの干菓子は、直接かじりついてはいけません。懐紙を取り出して正面に広げ、その上で割ってからいただきます。正座の場合も、懐紙にとってから手元で割ります。食べ残した菓子は、懐紙に包んで持ち帰りましょう。

訪問・応接の作法は、ほかにも気遣うことがたくさんありますが、ここでは基本的な所作と心構えにとどめました。他家や他社を訪問するときは、よい話ばかりではありません。相談や謝罪といった場面もあるでしょう。

しかし、そのような場合でも、訪問する側も、迎える側も、妙にへりくだったり、居丈高になったりする態度は慎みたいものです。いかなるときも、互いに面談が意義のある時間になるよう心がけましょう。礼法は、対立的な関係や、立場の違いが大きい場合でも、人と人の調和をつくり出せるように考えられてきたものです。

相手と「心を響かせ合う」ことが大切なのです。

第七章

立ち居振る舞いでわかる、人の品格

礼とは行動に生きる心なり

礼法は体と動作の調和を図るものです。さらに体と扱う物との調和も重視されています。しかし、その所作は、単に姿かたちが整っていればよい、美しく見えればよいという考えに基づくものではありません。

第一章の「心正しく、体直くす」という言葉を思い出してください。人に自分をよく見せようと思った段階で「心正しく」はないのです。

先にも引用した貝原益軒の『五常訓』に「礼は心に慎みありて、人を敬うを本とし、万事を行うに則に従いて、正しく理あるを文とす。則とは作法なり」とあります。慎む心、人を敬う心を基本として、すべての行動は作法に従って行うものだ。すなわち、正しい心が行動に表れてこそ礼であるとしています。

かつて武士の子弟は、幼少のころから礼法を教えられました。それは体の使い方の学びであるとともに心の学びであり、品格のある人間形成に欠かせないものでした。

ですから、繰り返しになりますが、ふだんの態度や物の扱いには、その人の品格が色濃く表れます。ひるがえせば、立ち居振る舞いを見れば、その人の品格がうかがえます。立ち居振る舞いは心を映す鏡なのです。

物を持つときは全身を使う

大学で礼法の授業を受ける学生たちを見ていると、体の使い方を知らないなと思います。ここでいう体の使い方は作法の所作ではなく、ごく一般的な身のこなしのことです。ぎごちなく、どこか危なっかしいのです。

走る、跳ぶ、体を反転させる、よじのぼる、ものをくぐる、飛び越えるといった多様な動作を、人は子供のころから遊びを通じて身につけます。しかし、彼らは、多様な身のこなしをあまり経験してこなかったのではないかという印象を受けます。

たとえば、物を持つにしても、腕の力を抜いてだらんとぶら下げるだけです。重い物を腰で持つこともうまくできません。床に物を落としたときは、しゃがみもせず、膝を伸ばしたまま拾おうとします。椅子に座っているときなど、無理に体をよじって手を伸ばし、床の物をとろうとします。

これはすべて腰を痛めるおそれのある動作です。下手をすればぎっくり腰を起こし、その場で身動きできなくなってしまうかもしれません。

人間の体には、関節と筋肉という、きわめて精巧で柔軟なバネ構造が仕込まれています。これをうまく使いこなさないと、たとえ軽い物であっても、物を持つという行為は危険をはらむのです。

たとえば、床に置いてある物や落ちている物は、腰を折って手先だけでとろうとせずに、膝を軽く折るか、しゃがむのが危なげのないとり方です。腕に余裕ができて、手先も柔軟に使えます。

「長きは長きに、重きは重きに、丸きは丸きに」という昔の教えがあります。

物によって持ち方を臨機応変に工夫して対応せよという意味です。物の本質を知ることで、合理的な持ち方、注意すべき持ち方などがわかるはずだと教えているのです。

物を持つときは全身を使い、合理的な持ち方をすることが大切です。

大木を抱え、水が流れるがごとく

物を捧げ持つとは、どういうかたちを言うのでしょう。

「目八分」と言って、うやうやしく目の高さまで差し上げて持つ風習があります。小笠原流の物を持つ所作というと、これを連想される方が多いようですが、小笠原流ではそのような形式ばった所作で物を持たせたりはしません。

物を扱う動作には、持つ、はこぶ、差し出す、手渡すなど、いろいろなかたちがあります。物を扱うどの場合にも適応する一つの基本的なかたちがあります。

「円相にして水走り」と言い、これが最も大切な心得です。

円相とは、大木を抱えるような感じのかたちです。手と腕で円を描くように構えます。

このとき、肩から腕を通って、手から指先までを、ゆるやかに傾斜させます。その姿で、肩口に水を注いだとすると、水は腕に沿って流れ、指先からしたたり落ちますから、このかたちを水走りと表現しているのです。

「円相にして水走り」は、物を持つのに最適な基本姿勢です。この円相が相手によって変化するのですが、物は手や指先ではなく、腕でしっかり持つことが大切だということを、まず心にとどめてください。見た目に美しく、粗相も少ない持ち方です。

また、礼法では「重い物は軽く持ち、軽い物は重く持つ」とも言います。

重量がある物は体の下のほう、下肢から腰までを主に使って持ち、軽い物は上のほう、腰と腕を主に使って持つと、力の入れ加減がよいということです。

物を持つ高さの基本三パターン

さて、円相のかたちで物を持ち、姿勢を崩さずに、腕を静かに持ち上げていくと、目の高さのあたりから、力の働き方が変わってきます。肩に力が入って重くなり、少し腕が突っ張るような感覚が出てきます。

逆に、静かに下ろしていくと、胸の高さから急に軽くなるように感じてきます。これは、目の高さから胸の高さまでは同じ構え、同じ感覚で動かせるということです。対して、目の高さより高く、胸の高さより低くなると、それぞれに適した構えに変えなくてはならないということを示しています。

このことから、礼法では物を持つ高さの範囲を、上から「目通り」「肩通り」「乳通り」

の三つに分けています。

形や重さによっても持ち方は多少違います。大きい物や、重い物は低めに持ち、ふつうの物は胸の高さに持ち、食べる物は息がかからないように肩の高さに持ち、神仏に捧げる物は高めにして、体から離して持つようにします。

最も一般的な高さは「乳通り」ですが、円をつくるように両腕を丸く広げ、肩から肘、手首に段がつかないように、肘を張らず、縮めず、手先は肩よりもやや下がった位置にもってきます。ゆったりとした印象の姿勢になります。

たとえば、お茶を出すときは、上司など立場が上の方には、捧げる意味で手先と肩を平行にするくらいに持ち、同輩には勧める意味で胸の高さに持ち、部下など立場が下の方には授ける意味で腹部くらいの高さにします。

物を「目通り」より上に持つ場合は、上腕をそのままにして、肩を上げずに腕を伸ばすことによって高くします。こうすると、肩が重く感じられることはありません。逆に胸の高さより下に持つ場合は、肘を張るようにして物を体に近くすると、腕が軽くなるのを防ぐことができます。物に親指がかかると「目下の人に授ける」という意味になるので注意しましょう。

また、円相にすると、脇の下に少し空間ができることになりますが、肘を肩よりも内側に入れないように注意し、脇を締めすぎないようにすることが肝要です。これを「脇の下に風を通せ」と教えています。

荷物は持っていないように持つ

カバンや買い物袋など、荷物を持って歩いている人を見ていると、いろいろなことに気づきます。

腕のふりに合わせて、カバンが前後にゆれている人、片方の腕はふっているけれど、もう片方の腕がだらんと伸びている人、重い物が入っているのか、荷物を引っぱるようにして持っている人など、さまざまです。ショルダーバッグをかけているほうの肩が、少し下がり気味になっている人がいます。最近多くなったキャリーバッグを引いている人は、引き手の肩が後ろに少し反り、ねじれた姿勢で歩いています。リュックを背負っている人は、いくぶん上体を前に傾けている人が多いようです。

もう言うまでもないでしょうが、崩れた姿勢で歩くのは、荷物を持っていたとしても好ましくありません。片方の手や肩ばかりを使っていると、体にゆがみが生じるおそれがあります。とくにショルダーバッグは、その傾向が強いといわれていますから、ストラップをかける肩を替えながら使う工夫が必要かもしれません。

「荷物は持っていないように持つ」のがよいとされます。

荷物を持っている手が伸びきっている人は、円相の要領でほんの少し肘を張ると、腕に力が入り、荷物が軽くなったように感じると思います。荷物に引っ張られて体軸が傾くのも防げます。カバンや買い物袋を、人差し指と中指に引っかけるようにして持っている人をよく見かけますが、小指を有効に使うことをお勧めします。

小指でぎゅっと握り、他の指は添えるようにして持つのです。

リュックは、左右のバランスよく荷物を背負えますが、前かがみや上体が後ろに反った歩き方も見られます。「耳が肩に垂れているか」「襟はすいていないか」を、常に気をつけるようにしましょう。

あわてずゆっくり動くと優雅に見える理由

効率化やスピードアップが優先される現代、あまりにもあわただしくて、人の動きもせわしないと思うことはありませんか？

いつもせわしなく動いている人が、礼法の稽古を見たら、じれったいと思うかもしれません。それほど所作はゆっくりとしています。しかし、一連の所作は、落ち着きがあり、優雅さを人に感じさせます。では、なぜゆっくりと動くのでしょうか。

一つには、ゆっくりと動くことで、気持ちが安定するということがあります。

また、ゆっくりとした動作は、脳の意識と体の反応を折り合わせやすいというのも大きな理由です。

礼法に早い所作がないわけではありません。しかし、それをはじめから早い動作で稽古をすると、意識と行動の不一致が起こりやすくなります。

「生気体」と「死気体」という言葉を思い出してください。

生気体は、自分でしっかりと意識して、視聴言動を行うことです。死気体は、うかつにものごとを見たり、聞いたり、あまり意識もせずに手足を使うことです。つまり、意識と体の動きが一致していない状態が死気体です。誤り、過ちを起こしやすく、ともすれば脳が正しい判断をまったく下せない状態に陥ることさえあります。

礼法のゆっくりとした所作は、意識して視聴言動を行う生気体を、常に維持するためなのです。体の細部にまで気を配り、所作を的確に行うことを身につけていけば、やがては何も意識しなくても、よどみなく優雅な動きがその人にとって自然なものになっていきます。それができれば、動作を速めても、所作が崩れるということはなくなります。

さらに言えば、死気体は気持ちが常に落ち着かない状態です。翻せば、不安やおそれの感情、不快感などにさらされ続けている状態と言ってもいいでしょう。一時「善玉ストレス、悪玉ストレス」という言葉が流行りましたが、その悪玉ストレスをため込んでいるようなものです。

一日のうち、心を静め、ゆっくりと体を動かす時間をまずつくりましょう。

礼法の「立つ、歩く、座る」所作を、呼吸に合わせることを忘れずに行ってみるのがよいと思います。

慣れていないと、ゆっくりと動くのも案外と難しく、動きだしに勢いがついて所作がだんだん速くなるということがよくあります。はじめのうちは、映画のスローモーション並みにゆっくりと動きだし、動きの終わりも同じようにゆっくりと終わるようにすると、自分の体の動きが意識できます。

一日の悪玉ストレスをとり払う、心のリフレッシュにもなるはずです。

律する心を持つ人には気品が備わる

立ち居振る舞いは、人の品格を表すものだと言いましたが、では「品格」とは何でしょうか。私が若いころお世話になり、感銘を受けた方のお話をしましょう。

新日本製鐵の武田豊さんと、厚生省（現・厚生労働省）官僚の山口正義さんです。お二方に共通の印象として残っているのは、姿勢がよくて常に毅然としており、立ち居振る舞いや言葉づかいが丁寧だったことです。他者を非難したり、不快な思いをさせるということがまったくありませんでした。そして、それぞれの分野で優れた業績を残していらっしゃいます。

武田豊さんと初めてお会いしたのは、まだ学生のころですから一九五〇年代のことです。武田さんは当時、富士製鐵の人事部長を務めておられました。縁があって、私はその人事部でアルバイトをしていたのですが、武田さんは一介のアルバイト学生である私に対しても、とても丁寧な対応をされる方でした。

こんなことがありました。私は当時、東京都の学生弓道連盟の委員長を務めていました。武田さんも弓道をされる方なので、全日本弓道連盟の会長になっていただきたいと、あるときお願いに上がりました。武田さん以外に、何人かの方にも打診をしたのですが、けんもほろろに追い返されたり、「この忙しいときに若造が一人で何をしに来た」という態度で応対する大先輩もおられました。しかし、武田さんは、はるかに年下の、それこそ若造である私でも、一人前の大人として扱い、お願いを受け入れてくださいました。

武田さんは、のちに富士製鐵が八幡製鐵と合併し、新日鐵が発足すると社長にまでなられました。一九八〇年代の鉄鋼不況の時代には、大規模な人員削減と合理化を断行し、新日鐵を立て直すという偉業を成し遂げています。それは、相当な人望・人徳というものがなければできない仕事だっただろうと思われます。

山口正義さんは、戦後間もないころに厚生省の公衆衛生局長を務められた方です。後に結核予防会の会長職にも就きました。局長時代に、大規模な結核の実態調査を行ったことで知られます。結核は当時、死亡者数が最も多い病気でしたから、この調査結果は結核の治療や予防に大いに役立てられました。

山口さんは、実に物腰の柔らかい方でした。「あそばせ」言葉を使っておられたことも印象に残っています。「ごめんあそばせ」「おいであそばせ」など、語尾に「あそばせ」を使う用法は「山の手言葉」とも呼ばれますが、そもそもは江戸の上級武士が日常で用いていた言葉が基になっているといわれています。山口さんは長崎県生まれですが「あそばせ」言葉を使われていたのは、その出自に負うところがあったのでしょう。

お二方とも、自分を律して人に向き合うことができ、自分がなすべきことに忠実に行動する方でしたが、私は品格とは、この「自分を律する」ところから生ずるものだと思います。そうでなければ、自分に忠実に生き、誰に対しても分け隔てのない態度をとるということなど、できようもないと思うからです。

おそらく、一九七〇年ごろまでは、そのように武家の礼節を普段着のように身にまとった先輩方が、まだたくさんおられたように思います。

立ち居振る舞いでわかる人の信用度

礼節は人徳をうかがわせます。

であれば、当然その逆もあります。つまり、立ち居振る舞いの粗雑な人には、信用のおけないところが少なからずあるということです。

私は大学卒業後、定年まで医療金融公庫（現・独立行政法人福祉医療機構）に勤務しました。実務畑が長く、主に融資を担当していました。さまざまな出会いがあり、人間と社会について学ぶことが多かったと今にして思います。仕事を離れてもおつき合いが続き、長く親しくしてくださった方も少なくありません。

お客様は、主に医師や病院経営、福祉施設の関係者でした。高潔な志を持ち、医療や福祉をより充実させたいと考えておられる方がたくさんいました。一方、それよりも、施設や設備の拡充のためにともかくお金を借りたいという方もいます。面談するのは一度だけですが、私には前者と後者の見分けが大方つけられました。

「なぜ、初めて会ったのに、そんなことがわかるのか」と同僚によく言われたものです。

後者の場合、振る舞いに何となく不自然なところが見られます。落ち着きがなかったり、話の途中で目が泳いだり、必要以上にへりくだった態度をとるなど、それらはほんの些細な挙動なのですが、そのような振る舞いから「何か別に事情がありそうだ」と感じられたのです。

振る舞いを見て、人を疑えというのではありません。信用度の話です。

振る舞いに不自然なところが多少あったとしても、それだけのことで人を疑ってよいものではありません。けれども、体を起こして毅然と話す人と、前かがみになって下からうかがうようにして話す人とでは、印象から受ける信用度がかなり違います。毅然として、立ち居振る舞いのよい人は「この人は信用に値する」と、人に思わせるのです。私の経験では、それが私なりの尺度ではあったとしても、そういう人に期待を裏切られるということはなかったのです。

ソファに深くもたれる人は虚勢を張っている

心理学でも、人間の心の様態は行動に表れると言います。礼法では、心理学が生まれるよりはるかに前の時代から、心と体は一体のもので、体は心を映すものだとされてきました。

前にも述べましたが、人に応対するとき、体の前で手を組むのは安堵を求める行為です。心に不安やおそれ、不快な感情などがあり、それを抑えたいという気持ちが無意識のうちに、体の前で手を組むというしぐさになります。手を揉んだり、組んだ指を動かすのも同じ感情の表れです。

よく体を乗り出し、相手に訴えかけるように話をする人がいます。これは何かに焦っているか、自信のなさを表しています。当人は積極的な気持ち、熱心さを伝えようとしているのかもしれませんが、相手にすれば食ってかかられているような圧迫感があり、不快に思われることが多いでしょう。

自分を堂々と大きく見せたいのか、応接のソファに深々と腰かけ、反りかえって話をする人もいます。そのような人は、往々にして振る舞いも言葉遣いも粗雑なきらいがあり、相手を見下しているように受け止められがちです。

身ぶり手ぶりが必要以上に大きい人には、自分の意見や主張を相手にはっきり伝えようという意欲が強いようです。反面、細やかな配慮に欠け、応対する人への気遣いをおろそかにする傾向があります。必要以上の大きな声で話す人も同様で、なかには相手の話を聞いているようでほとんど聞いていないという人もいます。

皆さんのまわりの人を思い起こせば、いくらか心当たりがあるのではないでしょうか。

目の置きどころが人の内面を語る

第五章で、人と対話するときの視点の置き方について触れました。上は相手の額あたり、下は臍（へそ）あたりの水平線と、左右は肩の少し外側の垂直線に囲まれた四角形の範囲、さらに注意深く相手の話を聴くときは、左右は肩幅まで、上下は目と胸までの範囲と礼法では教えます。

ものごとに集中している状態では、人間の視野は通常より狭まります。つまり、注意深く人の話を聴こうとすれば、人の視点は左右は肩幅、上下は目と胸の範囲に自然と収まるものなのです。礼法では、心（意識）と体は一体のものと考えられていますから「逆もまた真なり」で、その範囲に視点を置くようにすれば、おのずと相手の話に集中することができるとしているのです。

ところで「目は口ほどにものを言い」ということわざがあります。

これには二つの意味があり、一つは「言葉に出さなくても、目の表情で相手に気持ちが伝わる」、もう一つは「言葉より、目に本心が表れる」ということですが、一般には後者の意味で使われることが多いようです。

たとえば、伏し目がちに人が話すときは、自分の言おうとすることに自信がないとか、相手に申し訳ないと思う気持ちがあるときです。目を斜め上に走らせるのは、何かを想像して考えようとするときです。まばたきが異様に多くなるときは、見た目は平静を保っていても、強い緊張状態にあります。

話の途中でふと目をそらすのは、たいていは嫌なことや避けたいことが話題になったときですし、視点が定まらず目が泳ぐのは触れられたくない痛いところを突かれたときで、ともに心の動揺の表れです。

このように、目はその人の心の状態をかなり直接的に表します。

ですから、人と対話するときは、姿勢を正し、見苦しくない振る舞いをし、さらには目の置きどころにも配慮しなければならないのです。

ただし、誤解のないように申し添えますが、立ち居振る舞いを正すのは、自分の内面を相手に気取られないように覆い隠してしまおうということではありません。それは礼法が最も忌み嫌うところです。

体は心を映すもの。心の乱れが露骨に表面に現れれば、相手に不快感を与えたり、よけいな気遣いをさせることにもなりかねません。そうならないように、ふだんから心の平静を保ち、立居振る舞いに心配りをし、人に対しても、ものごとに対しても適切に対処することが礼法の本意なのです。

一方、心の乱れが体に、すなわち態度に表れている人を前にしたら、その気持ちを汲むことも大切です。たとえば、思っていることを言い出せずに伏し目がちに話す人と対面したら、相手の気持ちを思いやった対応が求められます。そうしたことが自然にできるようになるための礼法であり、それが自身の品格を高めていくことにつながるのです。

「品格のある人」と言われるためには

私の曾祖父・二十八世小笠原清務は、幕末維新の激動の時代を生きました。武家の社会が瓦解して弓馬術の嗜み(たしな)が不要となったため、それを継承するのにひとかたならぬ苦労をした先達です。

その時代、清務は礼法について述べた著書の序文に、次のように記しています。

「礼は、身を修るをもって本とす。身を修るの要は、内その心を正しくして、外その体直くするにあり、心正しく、体直くして後に初めて、礼をば言うべし。故に心と体とは影と形と相需ちて離れざるがごとく。礼は即ち修身の実、その体の上に表れるなり」

これまで、本書で述べてきたことの要旨が、ほぼこの一文に込められています。

そして、序文はこのように続きます。

たとえ、礼法の「型」ばかり稽古しても、心と体が修まらなければ、思慮浅く、軽々しい所作となり、穏やかで慎み深い所作とは言いがたい慇懃(いんぎん)な虚礼となる。しかし、身を修めることは、一朝一夕にできるものではない。そこで「時・所・相手」にふさわしい作法を繰り返し稽古することにより、徐々に内面の品格を身につけることが大切となる。

先にも述べましたが、礼法は立ち居振る舞いの基本しか伝えていません。応用、すなわち現実の場面に即した柔軟な対応は「時・所・相手」にふさわしい作法を繰り返し稽古することによってしか備わってこないのです。

これを少し野球の練習になぞらえてみましょう。

野球では、バットの素振りや打撃練習、キャッチボールやゴロの捕球といった基礎練習を、初心者はもとよりプロ選手であっても日々欠かすことがありません。基礎練習は、野球に適した体の使い方の下地づくりであり、その下地がより高度なプレーの基盤あるいは基準となります。

プロの選手でも、自分の思いどおりのプレーができないということがあります。当然そのときは基礎にもどるわけですが、もし基礎練習を怠っていて、基盤あるいは基準がゆらいでいたらどうなるでしょう。おそらくその選手は、プレーの修正ができないに違いありません。ですから、優秀な選手ほど、怠りなく基礎練習に励むのです。

また、これはさまざまな分野で指導者の立場にある方が言われることですが、人の知識・技量の成長はグラフとしてイメージしたとき、右肩上がりの斜線のような軌跡にはならないようです。段差の異なる階段のような軌跡を描くというのです。

水平線をたどり、そのどこかでいきなり跳ね上がるような成長を見せ、また水平線をたどって跳ね上がるといったイメージです。

弓道にもそれがあります。

弓を引き分けて、引き切った状態を「会」と言いますが、初心者のうちはなかなか「会」にいたりません。ところが、練習を重ねていくうちに、そのどこかで「会」の感覚をつかむ瞬間があります。すると、その人はそこから長足の成長を見せます。一度つかんだ「会」の感覚を再現しようと努めるからです。

人の成長とはおもしろいもの。あたかも自分を「耕す」かのようです。

耕すは「田返す」が語源とされ、土を掘り返し、作物をつくるのに適した土壌に整えることを言います。人の成長グラフで、水平線に当たるところは、耕している期間と言うことができるでしょう。作物は、耕して土をつくり、実りを得てはまた耕して土をつくる、その繰り返しでよりよいものになります。人も、耕して自分をつくるということを、たゆまずに繰り返さなければ、よき成長はありえないでしょう。

正しい立ち居振る舞いを日常のなかで繰り返し、文字通り「体得」することにより、人に品格が備わっていくものなのです。

「礼法で飯を食うな」という家訓は何のためか

二十八世清務の遺訓について少し触れておきます。

清務に「礼法を生業としてはならない」という遺訓があります。礼法で稼いだお金を、生活の糧としてはいけない、生活するためのお金は他の職で得なさいと言い遺したのです。これが、今では小笠原家の家訓となっています。

遺訓を残した清務は、将軍家の録を離れて後は教育者として生きました。祖父の二十九世清明は農林省（現・農林水産省）の役人を務め、三十世宗家の父・清信は明治大学文学部で教育心理学の教授を務めました。三十一世の私は、すでに触れたように厚労省の関係団体に勤務していましたし、やがて三十二世を継ぐことになる長男の清基は製薬会社の研究員をしています。

では、なぜ清務は、礼法を生活の糧にすることを禁じたのでしょう。

それは、長く厳格に継承されてきた礼法が、確たる根拠もなく、時流や金銭的な欲求により、変容していくことを避けるためだったと思います。

礼法を教えて収入を得て、それで生活を賄えば礼法は商売になり、弟子はお客様になります。生活のためとなれば、お客様の要望に妥協して礼法を変容させていくおそれがありますし、多くの収入を得ようとすれば、弟子を増やさなければならなくなり、教練に無理も出てきます。

人は本来、楽をしたがる生き物であり、楽に染まれば染まるほど、世の礼節はおろそかになっていきます。清務は、八〇〇年も伝え継がれてきた武家の礼法が、そうなってしまうことを戒め、遺訓としたのです。

実際に昭和四〇年代から小笠原流を名乗って商売をする、礼法コンサルタントとでもいうような者が増え、今日もあとを絶ちません。しかし、それらの流儀はいずれも、小笠原宗家の流儀とは似て非なるものです。小笠原流弓馬術礼法が、一子相伝で継承されているのも「古来の文化を、変わることなく守り伝えるため」というその一語に尽きます。

日本人が忘れた作法を、外国人が絶賛する

昭和三八年、先代のころですが、ドイツオリンピック協会（当時は西ドイツ）のゲルト・アーベルベック会長が来日されました。その折り、法政大学の福島孝行教授の案内で、教場にお見えになりました。

礼法の稽古を見て、アーベルベック会長は「なぜ、こういうことを日本はスポーツ振興にとり入れないのか」としきりに言われました。

アーベルベック会長は、ドイツのスポーツ振興に多大な貢献をした方で、ドイツをスポーツ大国に育て上げた立役者の一人です。

会長は帰国後にさっそく礼法の所作、とくに体の重心を常に腰に据える体の使い方を、スキーの滑降競技の新しい練習法として紹介しました。スキーの滑降では、体がぶれては真っすぐに速くは滑れません。提案された練習法は礼法の所作に基づき、立つから座る、座るから立つ動作を繰り返してやり、緩斜面を滑降して重心を常に一定に保つというものでした。これをとり入れて熱心に練習した選手がいて、その選手は翌年のインスブルック

オリンピック冬季大会で好成績を収めたと聞きました。

これも先代のころですが、映画の黒澤明監督が、何度か教場を訪れました。礼法の膝行(しっこう)・膝退(しったい)について知りたいといって来られたのです。

膝行・膝退は、諸国の大名が将軍に謁見する際に必要な所作でした。

江戸城の大広間（謁見の間）は、上段の間、中段の間、下段の間、二の間、三の間、四の間に分かれ、約三〇〇畳もの広さがありました。年始の折りなど、ここに全国諸藩の大名が集まるのですが、その大名が拝礼のため将軍の前へ進み出て退く所作が膝行・膝退です。これをひれ伏した姿勢のまま行うのです。末席に位置する外様大名などは、三〇〇畳もの大広間を膝行で進み、膝退で戻るのですから、それは大変なものです。

黒澤監督は、この将軍謁見の場面を映画にとり入れたかったようです。しかし、あきらめられました。「にわか仕込みで、役者にこれはできない」と判断されたのです。

このように、洋の東西を問わず、変わることなく守り伝えられてきたことの本質は、見識のある方ならば見ただけでわかるものです。

柔道、剣道、合気道といった武道に限らず、茶道や華道においても、基本の身体作法は、小笠原流弓馬術礼法より発したものと言って過言ではありません。しかし、時代を経るに従い、その身体作法から鍛錬の部分が欠け落ち、今日にいたっています。そのことを私は、とても残念に思います。

かつて日常の立ち居振る舞いを鍛錬とした武士に比べ、現代人の体力はどれほど衰え、所作の美が損なわれているでしょう。そして心の鍛錬は今日、何によって養われているのでしょう。

礼節がおろそかにされる社会は乱れるとは、古来いわれてきたことです。今の日本が、そのような状況に陥っているという危惧は、思い過ごしでしょうか。

社会のグローバル化がいわれ、東京オリンピックの準備が進められ、海外からの観光客も急激に増えています。「おもてなし」という言葉も頻繁に聞かれるようになりました。

礼節は、外見こそ国によって異なりますが、大もとにあるのは、いずれも人を思いやる心です。そして、自国の伝統に根ざした作法は、どの国へ行っても通用するものです。

ですから、国際化が進む現代こそ、伝統的な作法を学ぶ必要がありますし、それが日本という国を世界にアピールすることにつながると思います。

しかし、礼法を学ぶのに、肩肘を張ってかしこまることはありません。けっして難しいものではないのです。私はよく「健康体操や美容体操のつもりではじめてください」と言っています。ビジネスパーソンならば、仕事の合間にもできます。

まず、パソコンの前から自らを解放して、背筋を伸ばすことです。

お勧めするのは、椅子から立つ、椅子に座るという所作です。腿と体幹を使い、上体に反動をつけない礼法の立つ、座るは、なかなかうまくはできないと思います。けれども、たとえば休憩時間に「これがうまくできたらコーヒーを一杯飲もう」という感覚でかまわないのです。

「草々の程々に置けつゆの玉　重きは落つる人の世の中」

小笠原流の教歌の一つです。

負担が大きいと長続きしないから、身丈に合わせて精進に努めなさいという教えです。ふだんの生活に少しずつでも礼法の所作をとり入れていけば、立ち居振る舞いはおのずと「実用・省略・美」に向かいます。たゆまず続けることにより、心も磨かれていきます。

武家の礼法とは、けっして抽象的な概念や形式主義的なものではありません。行動に生きる心そのものなのです。

おわりに

最後に、小笠原流礼法の歴史について触れておきます。礼法がどのように生まれ、それぞれの時代にどのような役割を果たしてきたかを知っておいていただきたいからです。

社会の規範であり続けた礼法の軌跡

小笠原家は、初代小笠原長清にはじまる清和源氏の家系です。

長清は、二六歳のときに源頼朝の糾法（弓馬術礼法）師範となり、その長男・長経も頼朝の師範を務めました。続いて、長経の長男・長忠が糾法を伝承し、小笠原一族の惣領家となります。長経の次男・清経の子孫も惣領家とともに鎌倉幕府に仕えました。この清経の系統が当家となります。

初代の長清は、頼朝の元で武家の礼法を編纂した人でもあります。

従来の宮中のしきたりなどを、武家の流儀に沿って省略できるものは省略し、新たな武家の時代に合わせた儀礼儀式を定めたのです。神を敬い、主人を尊ぶことを中軸に、服制や儀礼から日常の諸手続きなどがこれに含まれ、礼法は武家の法典となりました。

南北朝時代、総領家七世の小笠原貞宗と清経家七世の小笠原常興は、後醍醐天皇に仕え、糾法を体系化したものとして『修身論』と『体用論』をまとめます。これが今日まで、小笠原流弓馬術礼法の基本となっています。

ときを経て、清経家十七世経直が、惣領家十七世長時、貞慶親子から糾法の道統を継承することを託されました。

そして、徳川時代になると、惣領家は備前小倉の城主、備前唐津の城主を務め、越前勝山の城主として明治を迎えます。

一方、道統を継承した経直は、徳川家康に招かれ、二代将軍・秀忠の糾法師範となります。同時に、秀忠のみならず諸大名や旗本諸士も指導することとなりました。以来、清経代々の道統家は、礼式を司る「高家」として将軍家に仕え、糾法師範を務めました。

この時代の礼法は、指導者階級である上級武士に向けられたものであり、儀式を行うための定めであるとともに法典としての意味合いもありました。つまり、江戸時代までの礼は、社会的規範としての厳格さを持っていたのです。

明治維新により、四民平等の世となりましたが、身分制度の変化により、しつけの薄い家庭に育った人たちも、社会の中心的な役職に登用されるようになりました。そのため、地位のある大人にも礼法の指導が必要とされてきました。また、一般の市民からも礼法の指導を求められるようにもなりました。

加えて、開国による急速な外国文化の流入もあり、それらも鑑みて編まれたのがこの時代の作法書です。この多くに二十八世小笠原清務が携わっていたため、やがて当家の弓馬術礼法の流儀が「小笠原流」と呼ばれるようになります。

清務は、小学校の教科に礼法を設けるよう建議するとともに、母親として家庭教育のなかに礼法が生かされていくようにと、東京女子師範学校、女子学習院などで作法を教授しました。また、明治一三年には、東京・神田に小笠原教場を開き、一般への指導もはじめました。清務は、武家の時代を離れ、急速な近代化が進む日本において、それまで社会の規範として機能していた礼法の心をどう継承するかに腐心した先達であります。

以後、小笠原家代々は、糾法の指導、初代長清にはじまる伝統文化の保存・伝承に努め、今日にいたっています。

二〇一六年一月

小笠原清忠

著者プロフィール

小笠原清忠

おがさわら・きよただ

1943年小笠原流三十世宗家・小笠原清信の長男として東京・神田に生まれる。慶應義塾大学商学部卒業後、医療金融公庫（現・独立行政法人福祉医療機構）勤務。1992年小笠原流三十一世宗家を継承。現在、池坊学園客員教授、皇學館大学特別招聘教授、東京都学生弓道連盟会長、儀礼文化学会常務理事などを務める。全国で礼法指導を行い、各地の神社で「流鏑馬」や「大的式」「人生の通過儀礼」などを奉納。『入門小笠原流礼法』『小笠原流の伝書を読む』など著書多数。

一流の人は なぜ姿勢が美しいのか

2016年2月2日　第1刷発行

著者	小笠原清忠
発行者	長坂嘉昭
発行所	株式会社プレジデント社 〒102-8641 東京都千代田区平河町 2-16-1 平河町森タワー13階 編集（03）3237-3737　販売（03）3237-3731 http//www.president.co.jp/
編集	木下明子
構成	高橋盛男
イラストレーション	山口正児
制作	田原英明
本文 DTP	草薙伸行、蛭田典子 ●PlanetPlan Design Works
印刷・製本	株式会社ダイヤモンド・グラフィック社

　ISBN978-4-8334-5085-0
Printed in Japan